本書の特〔徴〕

中学社会の内容を圧倒的な問題数〔...〕
〔...〕策まで幅広く対応できるパーフェク〔...〕

学習内容1項目（1単元）を2ペー〔ジにまとめ〕ており、消えるフィルター
を使って何度も問題にチャレンジできます。

重要度◉◉◉ 入試における重要度を3段階で示しています。

解答のそばに、問題について説明した **解説** を、注意点を示した **注意** を設けています。間違えやすい複数の語句にも **注意** を入れています。

一問一答

特によく出る問題には★をつけています。

難易度が高い問題は ∥ で示しています。

問題が解けるようになったら、チェック欄□に✓をしましょう。

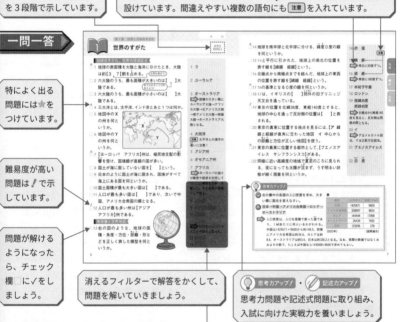

消えるフィルターで解答をかくして、問題を解いていきましょう。

思考力アップ！ ・ **記述力アップ！** 思考力問題や記述式問題に取り組み、入試に向けた実戦力を養いましょう。

図表でチェック

図や表を使った問題に取り組みましょう。

目　次

地　理

歴　史

公民

編集協力	株式会社総合教育企画eduサポート
装丁デザイン	ブックデザイン研究所
本文デザイン	A.S.T DESIGN
DTP	株式会社スタジオ・ビーム
図　版	デザインスタジオエキス.

写真提供〈敬称略〉

朝日新聞社　アジア歴史資料センター/国立公文書館　川崎市市民ミュージアム　環境省
灸まん美術館　国営吉野ヶ里歴史公園　国立国会図書館　さいたま市立漫画会館　佐賀大
学地域学歴史文化研究センター　首相官邸　首藤光一/アフロ　尚古集成館　正倉院正倉
田原市博物館所蔵　長善寺　長崎歴史文化博物館収蔵　日本近代文学館　公益社団法人
日本臓器移植ネットワーク　坂東郷土館ミューズ(坂東市立資料館)　ピクスタ　平等院
福岡市博物館所蔵 画像提供：福岡市博物館/DNPartcom　ポルトガル国立図書館　毎日新
聞社　山口県防府天満宮　AFP/アフロ　akg-images/アフロ　Alamy/アフロ　ColBase
(https://colbase.nich.go.jp/)　ParisMusées　Reuters/AFLO

国連のSDGsウェブサイト：https://www.un.org/sustainabledevelopment/
The content of this publication has not been approved by the United Nations and does not
reflect the views of the United Nations or its officials or Member States.

地理

GEOGRAPHY

GEOGRAPHY

1 世界のすがた

重要度

地球のすがた、世界の地域区分

□ 1 地球の表面積を大陸と海洋に分けたとき、大陸は約【3　7】割を占める。　正解を選ぼう！

□ 2 六大陸のうち、最も面積が大きいのは【　　】大陸である。　あてはまることばを答えよう！

□ 3 六大陸のうち、最も面積が小さいのは【　　】大陸である。

□ 4 三大洋とは、太平洋、インド洋とあと1つは何か。

□ 5 地図中の X の州を何というか。

□ 6 地図中の Y の州を何というか。

□ 7 【ヨーロッパ　アフリカ】州は、植民地支配の影響を受け、国境線が直線の国が多い。

□ 8 国土が海に面していない国を【　　】という。

□ 9 日本のように国土が海に囲まれ、国境がすべて海上にある国を何というか。

□ 10 国土面積が最も大きい国は【　　】である。

□ 11 人口が最も多い国は【　　】であり、次いで中国、アメリカ合衆国の順となる。

□ 12 人口が最も多い州は【アジア　アフリカ】州である。

地球儀と世界地図

□ 13 右の図のような、地球の面積・角度・方位・距離・形などを正しく表した模型を何というか。

---

1 **3**

2 **ユーラシア**

3 **オーストラリア**

解説 面積の大きい順にユーラシア大陸→アフリカ大陸→北アメリカ大陸→南アメリカ大陸→南極大陸→オーストラリア大陸となる。

4 **大西洋**

注意 太平洋との漢字の違いに注意！

5 **アジア州**

6 **オセアニア州**

7 **アフリカ**

解説 ヨーロッパの国々が緯度や経度を利用してアフリカ諸国を分割・支配した。その名残が国境として残る。

8 **内陸国**

9 **海洋国(島国)**

10 **ロシア**

11 **インド**

解説 2023年にインドの人口が中国を上回った。

12 **アジア**

13 **地球儀**

□14 地球を南半球と北半球に分ける、緯度0度の線を何というか。

14 赤　道

注意

□15 14と平行に引かれた、地球上の南北の位置を表す線を【緯線　経線】という。

15 緯　線

解説 南北に90度ずつ。

□16 北極点から南極点までを結んだ、地球上の東西の位置を表す線を【緯線　経線】という。

16 経　線

解説 東西に180度ずつ。

□17 16の基準となる0度の線を何というか。

17 本初子午線

□18 17は、イギリスの【　　】郊外の旧グリニッジ天文台を通っている。

18 ロンドン

□19 東京の位置を北緯36度、東経140度とすると、地球の中心を通って反対側の位置は【　　】と表される。

19 南緯36度
西経40度

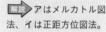

解説 北極点から東経140度を見ると、反対側は西経40度となる。

□20 東京の真東に位置する地点を見るには、【ア　緯線と経線が直角に交わった地図　イ　中心からの距離と方位が正しい地図】を使う。

20 イ

解説 アはメルカトル図法、イは正距方位図法。

□21 東京の真東に位置する都市として、【ブエノスアイレス　サンフランシスコ】がある。

21 ブエノスアイレス

□22 両極に近い高緯度の地域で夏至のころに見られる、夜になっても太陽が沈まず、うす明るい状態が続く現象を何というか。

22 白　夜

💡 思考力アップ！

Q 右の表中の各国の人口密度を求め、大きい順に国名を答えなさい。

A 日本→中国→アメリカ合衆国→ロシア→オーストラリア

解説 人口密度は、人口を面積で割った値であり、1km²あたりに何人いるかがわかる。中国は1425671÷9600から約148.5、同様にアメリカ合衆国は約34.6、ロシアは約8.4、オーストラリアは約3.4、日本は約326.2となる。なお、実際の数値ではなくおおよその数で、たとえば中国なら1430000÷9600で求めてもよい。

表

国名	人口（千人）	面積（千km²）
中国	1425671	9600
アメリカ合衆国	339997	9834
ロシア	144444	17098
オーストラリア	26439	7692
日本	123295	378

（2023年）　　　　（国際連合）

2 日本のすがた

日本の位置・領域・時差

□ 1 日本は【　　　】大陸の東側に位置する。

□ 2 日本列島は、北海道・【　　　】・四国・九州の4
つの大きな島と、その周辺の14000余りの小さ
な島からなる。

□ 3 北海道から沖縄まで約【3000　5000】kmである。

□ 4 日本の国土面積は約【38　58】万km²で、世界の国
の中では60番目くらいの大きさである。

□ 5 日本の最北端の島は、ロシアが不法占拠してい
る北方領土の4島のうちの【　　　】である。

□ 6 日本の最南端の島を何というか。

□ 7 右の図中のXを
何というか。

□ 8 国の主権が及ぶ
7や領海・領空
をまとめて何と
いうか。

※領海の幅は国によって異なる。
日本の場合は12海里（約22km）。

```
　　　　　　　　　領空
　　　　　　　　（大気圏内）

　　　　　　　　　　X
　　Y　　　　　　　　　　領海
　　　　　　　　　　　　　12海里
　　　　　　　200海里
　　　　　　　　　　　　　　　公海
```

□ 9 図中の領海の外
側で、沿岸から200海里までのYの部分を何と
いうか。

□ 10 島根県の竹島は、現在、【中国　韓国】が不法占
拠している。

□ 11 日本は兵庫県明石市を通る【　　　】度の経線を標
準時子午線としている。

□ 12 経度【15　30】度につき、1時間の時差が生じる。

□ 13 成田国際空港を5月5日の午後3時に出発した
飛行機が13時間の飛行後にニューヨーク（西経
75度を標準時子午線とする）に着いた。そのと
き、現地は5月何日の何時か。

---

1 **ユーラシア**

2 **本州**

3 **3000**

4 **38**

5 **択捉島**
> **解説** 北方領土は歯舞群島、色丹島、国後島、択捉島の4島からなる。

6 **沖ノ鳥島**

7 **領土**

8 **領域**

9 **排他的経済水域**

10 **韓国**
> **注意** 中国は尖閣諸島の領有権を主張している。

11 **東経135**

12 **15**

13 **5日午後2時**
> **解説** 日本は兵庫県明石市を通る東経135度の経線（標準時子午線）上の時刻を標準時としている。したがって、成田（日本）とニューヨークの経度差は210度のため、15で割ると時差は14時間。成田出発時のニューヨークは14時間遅い5月5日午前1時。ニューヨークのその時刻に飛行時間の13時間を足す。

都道府県

□14 日本の行政単位の都道府県は、1都1道2府【　】県からなる。

□15 面積が最も大きいのは北海道であり、次いで下の地図中のXの【　】県である。

□16 面積が最も小さいのは、地図中のYの【　】県である。

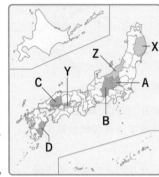

□17 1886年、人口約163万人で日本一多かったのは、地図中のZの【　】県である。

□18 内陸県は全部で何県あるか。

□19 地図中のA〜Dのうち、県名と県庁所在地名が異なるものの、県庁所在地名は何か。

□20 県庁所在地である松山市、金沢市（かなざわ）、仙台市（せんだい）を北から順に並べたとき、3番目になるのは【　】である。

14 43

15 岩手

16 香川

17 新潟
[注意]「潟」の漢字を間違（まちが）えないように。

18 8(県)
[解答]埼玉県・栃木県・群馬県・山梨県・長野県・岐阜県・奈良県・滋賀県である。

19 前橋市

20 松山市
[解説]北から仙台市(宮城県)→金沢市(石川県)→松山市(愛媛県)となる。

✏ **記述力アップ！**

Q 右の資料からわかる、インドネシア・日本と、ほかの2国との違いについて、日本とインドネシアの国土の特色をふまえて答えなさい。
[徳島-改]

A (例)どちらも島国であるため、国土面積よりも領海を含む排他的経済水域の面積の方が大きい。

資料

	領海を含む排他的経済水域の面積(万km²)	国土面積(万km²)
オーストラリア	701	769
ブラジル	317	851
インドネシア	541	191
日本	447	38

(2015年版「海洋白書」など)

[解説]島国であれば海岸線が長くなり、その分、排他的経済水域が広くなる。日本の最東（とう）端の南鳥島（なんとり）の1島だけで、その周囲には約40万km²の排他的経済水域が広がる。

世界の気候

重要度
🔖🔖🔖

世界の気候区分

■■■ A　　□□□ 乾燥帯　　■■■ B　　■■■ C　　■■■ D

☆ □ 1 上の地図の赤道付近に分布する**A**の気候帯を何というか。

□ 2 1のうち、クアラルンプールのように、年中高温多雨の雨温図**P**の気候を【　　】という。

□ 3 1では、【スコール　ジャングル】と呼ばれる突然の激しい雨が降る。

🖊 □ 4 1のうち、ダーウィンのように、雨季と乾季が分かれる、雨温図**Q**の気候を【　　】という。

□ 5 乾燥帯は、雨がほとんど降らない砂漠気候と、少しだけ雨が降る【サバナ　ステップ】気候に分かれる。

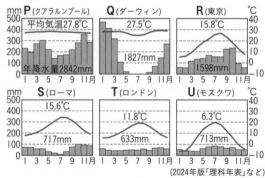

(2024年版「理科年表」など)

---

1 熱帯

解説 世界の気候区分は、ドイツ人のケッペンによる区分が有名。樹林がある地域を気温で、熱帯、温帯、冷帯（亜寒帯）に区分し、樹林のない地域を低温を理由とする寒帯、乾燥を理由とする乾燥帯に区分した。高山気候はケッペンの気候区分にはなく、寒帯に含まれている。

2 熱帯雨林気候

解説 赤道付近の低緯度ほど、最暖月平均気温と最寒月平均気温の差である年較差が小さい。

3 スコール

解説 ジャングルは東南アジアやアフリカの熱帯の密林。

4 サバナ気候

解説 樹木と丈の長い草原が広がる。

注意

5 ステップ

解説 丈の短い草原が広がる。

□6 地図中の**B**の、緯度40度を中心に、30度から50度付近に分布する気候帯を何というか。

□7 6のうち、大陸東岸に位置する日本の大部分が属する雨温図**R**の気候を何というか。

□8 7は、夏と冬で吹く方向が変わる【　　】と呼ばれる風の影響を大きく受ける。

□9 6のうち、ローマのように大陸西岸に分布し、夏の降水量が少ない雨温図**S**の気候を何というか。

□10 6のうち、ロンドンのように9よりも高緯度に分布し、夏は涼しく冬は比較的温暖で、年間を通して雨が降る雨温図**T**の気候を何というか。

□11 10は、年中吹く【偏西風　季節風】と暖流の影響により、高緯度のわりに温暖である。

□12 地図中の**C**にあてはまる、モスクワなどに分布する冬の寒さが厳しい雨温図**U**の気候帯を何というか。

□13 12には【　　】と呼ばれる針葉樹林帯が広がる。

□14 地図中の**D**は寒帯であり、短い夏のみ0℃以上になりこけ類が生える【　　】気候と、1年中雪や氷に覆われた氷雪気候に分かれる。

6 温帯
解説▶ 四季の変化が明確。

7 温暖湿潤気候

8 季節風（モンスーン）

9 地中海性気候
解説▶ 夏は乾燥し、冬に雨が降る。

10 西岸海洋性気候

11 偏西風

12 冷帯(亜寒帯)
注意▶ 北半球のみに分布する。気温の年較差が大きい。

13 タイガ

14 ツンドラ
解説▶ 寒帯は、南北両極地方の周辺に分布する。

地理

歴史

公民

✏️ 記述力アップ！

Q 右の**資料**は、キトとマナオスの月平均気温を表している。ほぼ同緯度に位置するマナオスに比べて、キトの気温が低い理由を答えなさい。　　［青森］

A (例)**キトはアンデス山中の標高の高いところにあるから。**

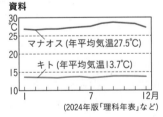

資料

キトは高山気候に属する。一般に、標高が100m上がるごとに気温は約0.6℃ずつ下がる。アンデス山中にあるキトの標高は約2800m、熱帯地域にあるマナオスの標高は100mに満たない。このため、キトとマナオスでは気温が大きく異なる。

2　世界の人々のくらしと宗教

重要度

世界の人々のくらし

□1 赤道付近の【熱帯　温帯】地域には、右の写真のような床を高くし、風通しのよい住居が見られる。

□2 乾燥帯は少雨だが、水がわき出る【　　】に人が集まり、農業が行われる。

□3 乾燥帯で見られる、草や水を求めて、人が家畜とともに移動する生活を何というか。

□4 モンゴルの3には、移動に便利な【　　】と呼ばれる住居が使用される。

□5 温帯の地中海性気候の地域では、乾燥した【夏　冬】にぶどうやオリーブが栽培される。

□6 イタリアなどでは、夏の日差しをさえぎるため、【石造り　日干しレンガ】の家が見られる。

□7 冷帯(亜寒帯)の冬、人々は【ア　布製のゆったりした服　イ　毛皮のコート】を着る。

□8 カナダ北部など、寒帯のツンドラ気候の地域に住むアジア系の民族を何というか。

□9 8が使用する、固めた雪や氷でつくられた伝統的な住居を【　　】という。

□10 アンデス山中では、【リャマ　らくだ】の放牧が行われている。

□11 世界の多くの人々が主食とする【大豆　小麦】・米・とうもろこしは、三大穀物と呼ばれる。

□12 言語や宗教、生活習慣などを共有し、同じ集団に属しているという意識をもつ人々の集まりを【民族　先住民】という。

---

1 **熱帯**

2 **オアシス**

3 **遊牧**

4 **ゲル**
解説 遊牧民の移動式の住居は、中国ではパオと呼ばれる。

5 **夏**
解説 夏は乾燥するため、乾燥に強いぶどうなどを栽培する。

6 **石造り**
解説 日干しレンガの住居が見られるのは、樹木の育たない乾燥帯や高山気候の地域。

7 **イ**

8 **イヌイット**

9 **イグルー**

10 **リャマ**
解説 リャマは荷物の運搬や食用として、アルパカは毛をとるために飼育される。らくだは乾燥帯の家畜。

11 **小麦**

12 **民族**

世界の宗教

☐13 世界の宗教人口の割合を示した右のグラフ中のＡは【　】である。

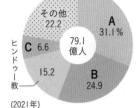

その他 22.2

Ａ 31.1%

79.1億人

Ｃ 6.6

ヒンドゥー教 15.2

Ｂ 24.9

(2021年)
(2023/24年版「世界国勢図会」)

☐14 13の開祖はだれか。

☐15 グラフ中のＢは三大宗教のうち、ムハンマドの開いた【　】である。

☐16 15では、聖地【メッカ　エルサレム】へ向かって、1日5回の礼拝が行われる。

☐17 15の教えを説いた書物は【聖書　コーラン】である。

☐18 グラフ中のＣは、インドで生まれたシャカが開いた【　】である。

☐19 ヒンドゥー教徒が多い国は【イスラエル　インド】である。

☐20 ヒンドゥー教では、【牛　豚】は神の使いとされ、信者はその肉を食べない。

☐21 19には現在、憲法で禁止されてはいるが、【　】制度という身分制度による差別が残っている。

13 キリスト教
解説 ➡ ヨーロッパや南北アメリカ、オセアニアなど。

14 イエス

15 イスラム教
解説 ➡ 西アジアや北アフリカ、東南アジアなど。

16 メッカ
解説 ➡ エルサレムはキリスト教、イスラム教、ユダヤ教の聖地である。

17 コーラン

18 仏　教
解説 ➡ 東南アジア、東アジアなど。

19 インド
解説 ➡ イスラエルではユダヤ教が信仰されている。

20 牛
解説 ➡ 豚は、イスラム教でけがれたものとされる。

21 カースト

✏️ **記述力アップ！**

Q 冷帯（亜寒帯）にあるロシアのヤクーツク付近で、右の**写真**のような高床式の建造物が多く見られる**理由**を答えなさい。　[西大和学園高]

写真

A (例) **暖房による熱が永久凍土をとかし、建物が傾くのを防ぐため。**

解説 冷帯（亜寒帯）から寒帯にかけて、短い夏には表面のみとけるが、1年を通じて凍結している永久凍土と呼ばれる土壌が広がっている。これがとけると、建物が倒壊するおそれがある。

3 アジア州 ①

重要度
🔵🔵🔵

中国の自然・産業

☆ 1 地図中の**A**の山脈を何というか。

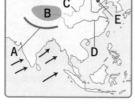

□ 2 地図中の**B**の高原を何というか。

□ 3 地図中の**C**の川を何というか。

□ 4 地図中の**D**の川を何というか。

□ 5 地図中の➡️は、夏の【　　】の向きである。

□ 6 中国の正式名称を答えよ。

□ 7 地図中の**E**は、中国の首都の【　　】である。

□ 8 中国では、人口を抑制するために【　　】がとられていたが、現在は廃止されている。

□ 9 中国の人口の9割は【　　】民族である。

□ 10 4の流域を【華北　華中　華南】と呼ぶ。

□ 11 10では、右のグラフのように【米　小麦　大豆】の栽培がさかんである。

〈11の生産割合〉
その他 24.2
中国 27.0%
7.9億t
タイ 4.3
ベトナム 5.6
インドネシア 6.9
バングラデシュ 7.2
インド 24.8
(2021年)
(2023/24年版「日本国勢図会」)

□ 12 農家が決められた量を政府に納めれば、残った作物を自由市場で売ることができる中国の制度を何というか。

□ 13 中国は、世界の【石炭　原油　鉄鉱石】の50%以上を産出している。

☆ 14 中国は、南部の沿岸部のシェンチェンなどに5つの【　　】を設け、外国資本の導入を行った。

□ 15 中国で1980年代中ごろから急増した、市町村や個人が経営する中小企業を何というか。

---

1 ヒマラヤ山脈

2 チベット高原

3 黄河
（ホワンホー）
▶解説 流域で古代
文明が生まれた。
注意

4 長江
（チャンチヤン）
▶解説 中国最長の河川。

5 季節風
（モンスーン）

6 中華人民共和国

7 ペキン（北京）

8 一人っ子政策

9 漢

10 華中
▶解説 黄河流域を華北、
チュー川流域を華南という。

11 米
▶解説 小麦の生産割合は、
中国が17.8%、次いでインド14.2%、ロシア9.9%、
大豆の生産割合は、ブラジルが36.3%、次いでアメリカ合衆国32.5%である（2021年）。

12 生産責任制

13 石炭

14 経済特区

15 郷鎮企業

☐ 16 中国は、工業生産が増加し、輸出も増えたことから、「【　　】」と呼ばれるようになった。

☐ 17 中国は、経済の急速な発展と国内の消費力の増加により、巨大市場となったことから、「【　　】」と呼ばれるようになった。

☐ 18 工業がさかんになった中国では、【大気汚染　人口増加】の問題が深刻となっている。

☐ 19 中国は、【沿岸部　内陸部】のほうが所得が高い。

☐ 20 中国は、ブラジル、ロシア、インド、南アフリカ共和国などとともに【BRICS　アジアNIES】と呼ばれる。

朝鮮半島のようす

☐ 21 朝鮮半島は北緯【　　】度を境に南北に分断された。

☐ 22 韓国の正式名称は【　　】である。

☐ 23 22の首都は【ソウル　ピョンヤン】である。

☐ 24 朝鮮民族が使用している表音文字を何というか。

☐ 25 【チマ−チョゴリ　サリー】は朝鮮民族の伝統的衣装である。

---

16 世界の工場

17 世界の市場

18 大気汚染

19 沿岸部

20 BRICS
解説 2024年、エジプトなど5か国が新規加盟し、BRICSの加盟国は10か国になった。**アジアNIES**とは、1970年代に工業化を進めた韓国、シンガポール、ホンコン、台湾を指す。

21 38

22 大韓民国

23 ソウル
解説 ピョンヤンは北朝鮮の首都である。

24 ハングル

25 チマ−チョゴリ

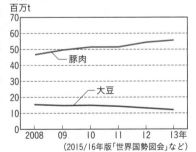

記述力アップ！

Q 中国では、輸入した大豆を、おもに豚の飼料として利用している。中国が多くの大豆を輸入する理由の1つとして考えられることを、右の**資料**から読み取れることをもとに、大豆と豚肉の生産量の変化に着目して答えなさい。　　[長野]

A (例)豚肉の生産量は増えているが、豚の飼料としての大豆の生産量が減っており、大豆不足を補うため。

資料 中国における大豆と豚肉の生産量の推移
百万t

（グラフ：豚肉、大豆）

2008　09　10　11　12　13年
(2015/16年版「世界国勢図会」など)

解説 資料から、豚肉の生産量は増えているが、大豆の生産量は減っていることが読み取れる。豚肉の生産のためには、大豆が欠かせない。

4 アジア州 ②

重要度
🔳🔳🔳

東南アジア～西アジアの自然

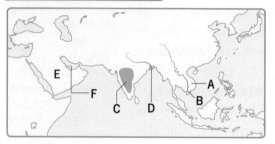

□1 地図中の**A**の半島を何というか。

□2 地図中の**B**は【　　】川である。

□3 地図中の**C**の高原を何というか。

□4 地図中の**D**は【インダス川　ガンジス川】である。

□5 地図中の**E**は【　　】半島である。

□6 地図中の**F**は【　　】湾である。

□7 熱帯や亜熱帯地域の河口や入り江の周辺に見られる低木の森林を何というか。

東南アジア～西アジアの国々と産業

□8 赤道が通る、イスラム教徒の数が世界最多の東南アジアの国はどこか。

⭐□9 欧米諸国が、東南アジアを植民地支配したときにつくった大規模農園を何というか。

□10 東南アジアでは、年に2回同じ耕地で稲を栽培する【　　】が行われている。

✏□11 【　　】はバンコクを首都とする仏教国であり、欧米諸国の植民地支配を受けなかった。

□12 フィリピンが日本へ輸出しているおもな農産物は【バナナ　天然ゴム】である。

□13 シンガポールに多い、中国から海外に移住し、現地の国籍を取得した人を【華人　華僑】という。

1 **インドシナ半島**

2 **メコン**

3 **デカン高原**

4 **ガンジス川**
解説 インダス川流域では、紀元前2500年ごろにインダス文明が生まれた。

5 **アラビア**

6 **ペルシア**
解説 原油の産出が多い。

7 **マングローブ**

8 **インドネシア**

9 **プランテーション**
解説 天然ゴムや油やし、コーヒー豆、バナナなどが栽培されている。

10 **二期作**

11 **タイ**
解説 近代に入り、ベトナムやカンボジアをフランスが、ビルマ(現ミャンマー)やマレーシアをイギリスが、インドネシアをオランダが、フィリピンをアメリカ合衆国が植民地として支配した。

12 **バナナ**

13 **華人**
注意 中国国籍のままの人は華僑という。

□14 東南アジア諸国連合の略称をアルファベットで何というか。

□15 インドは、右のグラフの【小麦　綿花】の世界的な産地である。

〈15の生産割合〉

ウズベキスタン 3.4
パキスタン 5.0
ブラジル 11.4
アメリカ合衆国 13.1
（2020年）
その他 17.4
インド 25.3%
中国 24.4
2420万t
（2023/24年版「日本国勢図会」）

□16 インドのアッサム地方やスリランカなど降水量が多く水はけのよい地域では【茶　米】の栽培がさかんである。

□17 インドのベンガルールやムンバイでは、【情報通信技術　航空機】産業が発展している。

□18 日本の原油の輸入相手国第1位（2022年）は、首都がリヤドの【　　】である。

□19 西アジアの産油国がつくった原油生産価格の決定などを行う組織は【OPEC　APEC】である。

地理
歴史
公民

14 ASEAN

15 綿花
解説 小麦の生産は、中国、インド、ロシアが上位3国である（2021年）。

16 茶
解説 茶の生産は、中国やケニアでも多い。

17 情報通信技術

18 サウジアラビア
解説 以下アラブ首長国連邦、クウェートなど。

19 OPEC
解説 石油輸出国機構の略称。APECはアジア太平洋経済協力（会議）の略称。

✎ 記述力アップ！

Q 資料1は、タイとシンガポールに進出した日本の企業数（製造業）を示し、資料2は日本と両国の1人あたり1か月平均賃金（製造業）を示している。資料1に見られる変化の理由の1つを資料2から読み取り、「タイでは、」の書き出しで答えなさい。　　[福岡]

A （例）タイでは、1人あたりの1か月平均賃金が日本やシンガポールより安いから。

解説 資料1より、タイに進出した日本の企業数が増加していることがわかる。その理由を、資料2の日本・シンガポールとタイの賃金の違いから記述する。

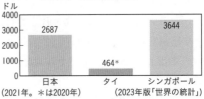

資料1　タイ、シンガポールに進出した日本の企業数（製造業）

年 国	1982年（社）	2022年（社）
タイ	171	1306
シンガポール	211	203

（2023年版「海外進出企業総覧」など）

資料2　日本、タイ、シンガポールの1人あたり1か月平均賃金（製造業）

ドル
4000
3000
2000
1000
0

日本 2687
タイ 464*
シンガポール 3644

（2021年。＊は2020年）
（2023年版「世界の統計」）

5 ヨーロッパ州

ヨーロッパ州の自然とあゆみ

☐ 1 地図中の **A** の山脈を
何というか。

☐ 2 地図中の **B** の川を何
というか。

☐ 3 地図中の **C** の海を何
というか。

☐ 4 地図中の **D** の矢印が示す海流を何というか。

☐ 5 ヨーロッパが高緯度のわりに温暖であることに
影響を与えている風を何というか。

☐ 6 地図中の **E** の部分には、氷河が削ってできた地
形である【　　】が見られる。

☐ 7 2やドナウ川など、複数の国を流れ、どこの国
の船舶でも自由に航行できる河川を何というか。

☐ 8 地図中の **F** の北緯40度の緯線が通らない国は
【スペイン　デンマーク】である。

☐ 9 ヨーロッパ州とアジア州の境界は、ロシアにあ
る【　　】山脈である。

☐10 イギリスなどヨーロッパ北西部には、【ゲルマ
ン　ラテン】系民族が多い。

☐11 スペインなどヨーロッパ南部には、【カトリック
プロテスタント】の信者が多い。

☐12 1993年のマーストリヒト条約の発効により発足
した、ヨーロッパの経済的・政治的な統合を目
ざす組織を【　　】という。

☐13 12の本部があるブリュッセルは【　　】の首都
である。

☐14 12の多くの加盟国間で導入されている共通通
貨を何というか。

---

1 アルプス山脈

2 ライン川

3 地中海

4 北大西洋海流

5 偏西風
解説 偏西風は1年を通
して吹く西よりの風。

6 フィヨルド
注意 谷間に海水が入り
込んでできたリアス海岸
と混同しないように。

7 国際河川

8 デンマーク

9 ウラル

10 ゲルマン
解説 南部にラテン系民
族、東部にスラブ系民族
が多い。

11 カトリック
解説 北部にプロテスタ
ント、東部に正教会の信
者が多い。

12 ヨーロッパ連合
(EU)
解説 2024年3月現在、
27か国が加盟。イギリス
は2020年1月に離脱。

13 ベルギー

14 ユーロ
解説 スウェーデンなど
は導入していない。

ヨーロッパ州の国々と産業

☐15 3の沿岸地域では夏に【ぶどう　米】やオリーブ、冬に小麦の栽培がさかんである。

☐16 ドイツなどで行われてきた、小麦やライ麦の栽培と家畜の飼育を組み合わせた農業を何というか。

☐17 ポルダーがあり、酪農や園芸農業が行われているのは【オランダ　デンマーク　スイス】である。

☐18 【北海　黒海】の油田は、イギリスやノルウェーが開発を進めた。

☐19 右の図は、**ア**12とアメリカ合衆国、日本のGDPを比較したものである。12のGDPにあたるものを**ア～ウ**から１つ選べ。

ア	17.2
イ	23.3
ウ	4.9

0　5　10　15　20　25兆ドル
(2021年)　　（2023/24年版「世界国勢図会」）

☐20 ロシアはヨーロッパの国々へ、原油や天然ガスを【　　】を使って輸出している。

---

15 ぶどう

解説 地中海式農業が行われる。

16 混合農業

17 オランダ

解説 デンマークでは酪農、スイスでは家畜を季節によって異なる場所に移して飼育する移牧が行われている。

18 北海

19 ア

解説 **イ**はアメリカ合衆国、**ウ**は日本。

20 パイプライン

✎ 記述力アップ！

Q **資料１**はドイツへの移住者数、**資料２**はおもな国の１人あたりの工業出荷額を示している。**資料１**の国からドイツへ移住する理由を、**資料２**から読み取れることにふれて、「仕事」の語句を用いて答えなさい。　　　［三重-改］

資料１

	ドイツへの移住者数（万人）
ルーマニア	25.2
ポーランド	14.4
ブルガリア	8.6

(2018年)（「International Migration Outlook」）

資料２

▓ 20000ドル以上
▓ 10000ドル以上
▓ 5000ドル以上
▓ 5000ドル未満

(2017年)
(2019/20年版
「世界国勢図会」
など)

A （例）**工業が発展しているドイツで仕事につくため。**

解説 **資料２**から、ルーマニアやポーランド、ブルガリアなどよりも、ドイツの工業出荷額が高いことが読み取れる。ドイツへ仕事を求めて移住することを記述する。

アフリカ州

アフリカ州の自然とあゆみ

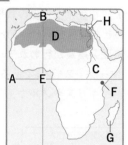

☐ 1 地図中の**A**の緯度0度の緯線を何というか。

☐ 2 地図中の**B**の経度0度の経線を何というか。

☐ 3 地図中の**C**の世界一長い川を何というか。

☐ 4 地図中の**D**の世界最大の砂漠を何というか。

☐ 5 4の南の縁に沿った【　　】と呼ばれる地域では、砂漠化が進行している。

☐ 6 地図中の**E**は【　　】湾である。

☐ 7 地図中の**F**は、標高5895mで山頂に氷河がある【エベレスト　キリマンジャロ】山である。

☐ 8 地図中の**G**は、南回帰線が通る【セイロン　マダガスカル】島である。

☐ 9 熱帯雨林の周辺には、まばらな低木と丈の高い草が生える【　　】と呼ばれる草原が広がる。

☐10 地図中の**H**の古代文明が生まれた国の名は何か。

☐11 アフリカ大陸の国々に直線の国境線が多いのは、ヨーロッパ諸国に【　　】として支配されたときの名残である。

☐12 ヨーロッパ諸国は、アフリカの人々を【　　】として南北アメリカ大陸に連行した。

☐13 アフリカの国々は、国内に言語の異なる多くの民族がいるため、11時代の支配国の言語を【　　】とする国が多い。

☐14 アフリカで17の独立国が誕生した1960年は「【　　】」と呼ばれる。

---

1 赤道
解説 赤道はアフリカ大陸では、コンゴ民主共和国やケニアなどを通る。

2 本初子午線

3 ナイル川

4 サハラ砂漠

5 サヘル
解説 人口増加のため、まきとなる木の過伐採、家畜の過放牧などが原因となり、砂漠化が進行している。

6 ギニア
解説 ギニア湾で赤道と本初子午線が交わる。

7 キリマンジャロ

8 マダガスカル

9 サバナ

10 エジプト

11 植民地

12 奴隷

13 公用語
解説 英語やフランス語が公用語となっている国が多い。

14 アフリカの年

□15 かつて南アフリカ共和国で行われていた人種隔離政策を【カースト　アパルトヘイト】という。

□16 アフリカの国々は、政治的・経済的な団結を強めるためにアフリカ連合（【　　】）を結成した。

アフリカ州の産業など

□17 アフリカでは、ヨーロッパの11時代に開かれた【　　】で輸出用の農作物が栽培されてきた。

□18 右の生産割合のグラフが示す農作物は何か。

□19 クロムなど、埋蔵量が少なく取り出すことが難しい金属を何というか。

□20 特定の農産物や鉱産資源に依存する経済を何というか。

□21 農作物などを公正な価格で買い取る動きをカタカナで何というか。

□22 アフリカでは都市部に人口が集中し、【　　】と呼ばれる生活環境の悪い地域に住む人々が多い。

---

15 アパルトヘイト
解説▶ 1991年まで続いた。

16 AU
解説▶ 2002年に発足。

17 プランテーション

18 カカオ（豆）
解説▶ チョコレートやココアの原料となる。なお、ケニアでは茶、エチオピアではコーヒー豆の生産がさかん。

19 レアメタル（希少金属）

20 モノカルチャー経済

21 フェアトレード

22 スラム

〈18の生産割合〉

558万t

コートジボワール 39.4%
ガーナ 14.7
インドネシア 13.0
ブラジル 5.4
エクアドル 5.4
その他 22.1

(2021年)
(2023/24年版「日本国勢図会」)

記述力アップ！

Q 資料1はザンビアの輸出額と輸出額に占める銅の割合の推移を、資料2は銅の国際価格の推移を示す。2つの資料から読み取れるザンビアの経済の課題を「国際価格」「収入」の語句を用いて答えなさい。　［青森］

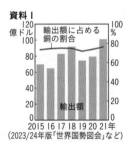

資料1

120億ドル　100%

輸出額に占める銅の割合

輸出額

2015 16 17 18 19 20 21年
(2023/24年版「世界国勢図会」など)

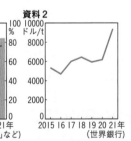

資料2

10000ドル/t

2015 16 17 18 19 20 21年
(世界銀行)

A （例）輸出に占める銅の割合が高いため、国際価格の変動により輸出額が変動し、国の収入が安定しない。

解説▶ 資料1から輸出額に占める銅の割合が極めて高いこと、資料2から銅の価格が大きく変動していることが読み取れる。このため国家収入が不安定となることを記述する。

7 北アメリカ州

重要度 ▢▢▢

北アメリカ州の自然とあゆみ

□ 1 地図中の**A**の山脈を何というか。

□ 2 地図中の**B**の山脈を何というか。

□ 3 地図中の**C**の川を何というか。

□ 4 地図中の**D**の湖をまとめて何というか。

□ 5 地図中の**E**は【フロリダ　カリフォルニア】半島である。

□ 6 地図中の**F**のメキシコ湾付近では、熱帯低気圧の【　　】がしばしば上陸し、大災害がおこることがある。

□ 7 地図中の**G**の【北緯20度　北緯40度】より北は、冷帯(亜寒帯)気候が広がる。

□ 8 地図中の**H**の【西経50度　西経100度】より東は温帯、西は乾燥帯である。

□ 9 北アメリカの先住民を【　　】という。

□ 10 アメリカ合衆国では、メキシコなどスペイン語を話す国々からの移民の【　　】が増加している。

□ 11 多民族・多人種で構成されるアメリカ合衆国は、「人種の【　　】」とたとえられる。

北アメリカ州の産業

□ 12 アメリカ合衆国は、農作物の生産が多く、輸出が大量に行われるため、「世界の【　　】」と呼ばれている。

□ 13 その土地の気候や土壌に適した農作物を栽培することを何というか。

---

1 ロッキー山脈
解説 環太平洋造山帯に属する。

2 アパラチア山脈
解説 低くなだらかな山脈である。

3 ミシシッピ川

4 五大湖

5 フロリダ

6 ハリケーン

7 北緯40度
解説 ニューヨークがおよそ北緯40度に位置する。

8 西経100度
解説 温帯地域では農作物の栽培が、乾燥帯地域では放牧などが行われる。

9 ネイティブアメリカン

10 ヒスパニック
解説 アメリカ合衆国南西部の、メキシコとの国境付近に多く住む。

11 サラダボウル

12 食料庫

13 適地適作

☐14 右の地図中の ▓▓▓ は、【綿花 小麦】の栽培地域である。

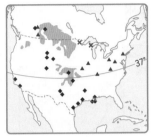

☐15 14の栽培地域は【プレーリー グレートプレーンズ】と重なる。

☐16 地図中の✕、▲、◆で産出される鉱産資源を、次から1つずつ選べ。【原油 石炭 鉄鉱石】

☐17 地図中の北緯37度以南の工業が発展している地域を何というか。

☐18 サンフランシスコ郊外のサンノゼ付近にある、先端技術産業が発達している地域を何というか。

☐19 複数の国に生産・販売の拠点をもち、世界的な規模で活動する企業を【　　　】という。

☐20 NAFTAにかわって2020年に発効した、アメリカ合衆国・メキシコ・カナダによる協定をアルファベットで何というか。

14 小麦
解説 綿花は南部で栽培されている。かつてはアフリカからの黒人が奴隷として働かされた。

15 プレーリー
解説 グレートプレーンズでは放牧が中心。小麦の栽培も行われている。

16 ✕ 鉄鉱石
　　▲ 石炭
　　◆ 原油

17 サンベルト

18 シリコンバレー

19 多国籍企業

20 USMCA

地理
歴史
公民

🖊 記述力アップ！

Q 資料1は、アメリカ合衆国で貨物輸送に用いている主要な鉄道、水路、港のある地域を示したものである。資料2のように、Cの地域の港から輸出されるとうもろこしが多い理由を、資料1をもとに答えなさい。
[石川]

資料1

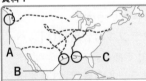

---- 鉄道 ―― 水路 ○ 港のある地域
※鉄道と水路は年間1億t以上の輸送がある区間。

A （例）とうもろこしの産地が水路の上流にあり、船を利用することで大量に運ぶことができるから。

解説 資料1から、とうもろこしの産地、鉄道と船の運送の差を考える。

資料2　とうもろこしの輸出量の港別割合

Aの地域の港	Bの地域の港	Cの地域の港	その他
13.1%	1.1%	65.1%	20.7%

（農林水産省）

（日本貿易振興機構など）

8 南アメリカ州

重要度
□□□

南アメリカ州の自然とあゆみ

□ 1 地図中の緯度0度の緯線Aを【　　】という。

□ 2 地図中のBの山脈を何というか。

□ 3 地図中のCの川を何というか。

□ 4 地図中のDの川を何というか。

□ 5 3の流域に広がる熱帯雨林を【　　】という。

□ 6 4の流域に広がる温帯草原を【カンポ　パンパ】という。

□ 7 6が広がるアルゼンチンの首都は【　　】である。

□ 8 地図中のEは、国名が「赤道」を意味する【ペルー　エクアドル】である。

□ 9 南アメリカでは、スペインやポルトガルの植民地支配により、【　　】と呼ばれる大農園がつくられた。

□10 南アメリカの先住民と白人との間の混血の人々を何というか。

□11 ブラジルの公用語は【スペイン語　ポルトガル語】である。

□12 ブラジルの首都は【リオデジャネイロ　ブラジリア】である。

□13 ブラジルを中心に、南アメリカに移住した日本人とその子孫を何というか。

南アメリカ州の産業

□14 森林を焼いて農地をつくり、できた灰を肥料にして作物をつくる農業を何というか。

1 赤道

2 アンデス山脈
解説 環太平洋造山帯に属する。

3 アマゾン川
解説 流域面積が世界最大の河川。

4 ラプラタ川

5 セルバ

6 パンパ
解説 カンポはブラジル高原に広がる熱帯草原。

7 ブエノスアイレス

8 エクアドル

9 プランテーション

10 メスチソ
（メスチーソ）

11 ポルトガル語
注意 南アメリカ州のその他の多くの国はスペイン語が公用語。

12 ブラジリア

13 日系人

14 焼畑農業

□15 ブラジルは【コーヒー豆　茶】の生産量・輸出量がともに世界一である。

□16 右のグラフは、ブラジルから日本への輸出品である。**X**は何か。

コーヒー豆
その他 23.1
4.6
5.3
6.8
9.0
有機化合物
とうもろこし
(2021年)
1兆825億円
X 51.2%
肉類
(2023/24年版「日本国勢図会」)

□17 銅鉱の生産が世界一多い南アメリカの国はどこか。

□18 ブラジルでは、さとうきびを原料に、二酸化炭素の排出量（はいしゅつ）をおさえることにつながる燃料である【　　】の生産がさかんである。

□19 南アメリカの国々は、自由貿易市場をつくることを目的に【MERCOSUR　ASEAN】を創設した。
メルコスール　アセアン

---

15 コーヒー豆
解説▶ 肉牛の飼料となる大豆の生産・輸出も多い。

16 鉄鉱石

17 チ リ

18 バイオエタノール（バイオ燃料）
解説▶ とうもろこしからもつくられる。

19 MERCOSUR
解説▶ 南米南部共同市場の略称。
りゃくしょう

💡 **思考力アップ!**

Q ブラジルの輸出品の変化について、資料から読み取れることを次から2つ選びなさい。［長野］

ア 1965年の輸出品として最も多かったコーヒー豆は、2007年、2021年の上位5品に入っていない。

イ 2007年の輸出品のうち上位5品は、1965年と比べて、すべて工業製品に変化した。

ウ 2021年の大豆の輸出額は、2007年の機械類と自動車を合わせた輸出額よりも多い。

エ 2021年の輸出総額は、1965年の輸出総額の100倍以下である。

資料 ブラジルの輸出品の変化

鉄鉱石6.5　　木材3.3
1965年
16億ドル
コーヒー豆 44.3%
その他 36.3
綿花6.0　砂糖3.6

自動車7.7
機械類　　鉄鋼6.3
2007年
1606億ドル
11.1%
その他 61.4
肉類6.9　鉄鉱石6.6

2021年
2808億ドル
鉄鉱石15.9% 大豆13.7 原油10.9
その他 47.4
肉類6.9　機械類5.2
(2023/24年版「世界国勢図会」など)

A **ア・ウ**

解説▶ **イ**．2007年の肉類、鉄鉱石は工業製品ではない。**エ**．2021年の輸出総額は、1965年の輸出総額の100倍以上となっている。

9 オセアニア州

オセアニア州の自然とあゆみ

□ 1 オセアニアは、オーストラリア大陸と、【　　】、ミクロネシア、メラネシアに区分される多くの島々からなる。

□ 2 オーストラリア大陸の大部分は【乾燥帯　温帯】である。

□ 3 オーストラリアの人口密度は約【340　3】人/km²である。

□ 4 ニュージーランドは全土が【西岸海洋性　サバナ】気候である。

□ 5 地図中のAの山脈を何というか。

□ 6 地図中のBの沿岸に広がる、世界最大のさんご礁地帯を何というか。

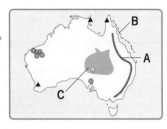

□ 7 地図中のCの盆地を何というか。

□ 8 オーストラリアの先住民を何というか。

□ 9 ニュージーランドの先住民を何というか。

□10 オーストラリアとニュージーランドは、ともにかつては【フランス　イギリス】の植民地であった。

□11 かつてオーストラリアは、ヨーロッパ系以外の移民を制限する【　　】主義をとっていた。

□12 オーストラリアは今日、多様な人々、文化が共存する【　　】社会を目ざしている。

□13【キャンベラ　シドニー】はオーストラリアの首都である。

---

1 ポリネシア

2 乾燥帯

3 3

4 西岸海洋性

5 グレートディバイディング山脈

6 グレートバリアリーフ

7 グレートアーテジアン盆地（大鑽井盆地）

8 アボリジニ

9 マオリ

10 イギリス
解説 国旗の一部にイギリスの国旗が使用されている。

11 白豪
解説 1970年代に撤廃された。

12 多文化

13 キャンベラ
注意 シドニーはオーストラリアで人口第1位の都市。

オセアニア州の産業など

☐14 オーストラリアの南東部や南西部では、おもに【羊　牛】が飼育されている。

☐15 7では、【　　　】によって地下水をくみ上げて、大規模な牧畜が営まれてきた。

☐16 右のグラフは、世界の【羊毛　綿花】の生産量を表している。

中国 20.2%
その他 52.9
106 万t
オーストラリア 19.8
ニュージーランド 7.1
(2021年)
(2023/24年版「日本国勢図会」)

☐17 左ページの地図中の▲は、アルミニウムの原料となる【　　　】のおもな産出地である。

☐18 左ページの地図中の◎は、【石炭　鉄鉱石】のおもな産出地である。

☐19 オーストラリアの貿易相手国は、かつてのイギリスから今日では【中国　フランス】へと変わった。

☐20 オーストラリアの提唱により、自由貿易などを目ざす【ASEAN　APEC】がつくられた。

☐21 南太平洋のツバルなどでは、地球温暖化の影響によって、国土が【　　　】する危機に直面している。

14 羊

15 掘り抜き井戸

16 羊毛

17 ボーキサイト

18 鉄鉱石
解説 北西部の鉄鉱石、東部の石炭、北部や西部のボーキサイトなどが露天掘りで採掘されている。

19 中国

20 APEC
解説 アジア太平洋経済協力(会議)の略称。

21 水没

記述力アップ！

Q 右の資料は、オーストラリアの1969年と2022年における、輸出額が多い上位6か国・地域を示している。アジア州の国・地域が増えている理由を、「工業化」「鉱産資源」の語句を用いて答えなさい。 [新潟]

資料

	1969年	2022年
第1位	日本	中国
第2位	アメリカ合衆国	日本
第3位	イギリス	韓国
第4位	ニュージーランド	(台湾)
第5位	フランス	インド
第6位	イタリア	アメリカ合衆国

(2023/24年版「世界国勢図会」など)

A (例)アジア州の国々で工業化が進み、それらの国々への鉱産資源の輸出が増えたから。

解説 オーストラリアは、石炭や鉄鉱石など工業に必要な鉱産資源が豊富である。また、アジア州にも近い。

1 地域調査の手法

重要度
□□□□

身近な地域の調査

□ 1 調査前に、調査対象の地形図などに観察ルートをかき込んだ地図を何というか。

□ 2 年度による人口の変化などを比べるには【棒グラフ　円グラフ】を用いるとよい。

地形図の読み取り

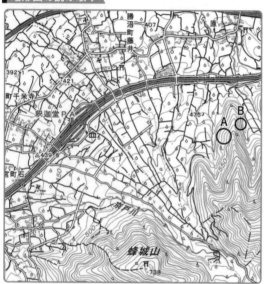

（国土地理院発行2万5千分の1地形図「石和」より作成）

□ 3 日本の地形図は、国土交通省の【　　】が作成、発行している。

□ 4 方位記号で方角が示されていない場合、一般的に地形図の上は【　　】を示す。

□ 5 その地形図が、実際の距離をどれだけ縮めているかを表した割合を何というか。

★ □ 6 海面からの高さが等しい地点を結んだ線を何というか。

---

1 **ルートマップ**

2 **棒グラフ**
解説▶円グラフは、人口であれば、男女の割合、年齢別の割合などを表すのに適している。

3 **国土地理院**

4 **北**
解説▶上が北でない場合には方位記号を使って北を示す。4方位、8方位などがある。

▲8方位

5 **縮尺**
解説▶2万5千分の1、5万分の1などの地形図がある。

6 **等高線**
解説▶細い線を主曲線、5本目ごとの太い線を計曲線という。

□ 7　2万5千分の1の地形図では、主曲線は【10　20】mごとに引かれている。

8　左ページの地形図を見て、次の問いに答えよ。

□ ★①AとBで、傾斜が急なのはどちらか。

□ ②蜂城山（はちじょうやま）の山頂にあるのは【　　】である。

□ ③蜂城山から釈迦堂PAは、8方位ではどちらの方角にあるか。

□ ④蜂城山から釈迦堂PAにかけては【水田　果樹園】が広がっている。

□ ⑤釈迦堂PAの近くの🏛は、【博物館　老人ホーム】を表す地図記号である。

□ ⑥釈迦堂PA近くの「△439.5」の表示の「△」の地図記号は何を表すか。

□ ★⑦釈迦堂PAから勝沼町藤井（かつぬまちょうふじい）は地形図上で3cmであった。実際の距離（きょり）は何mか。

□ ⑧この地形図には、【寺院　警察署】が見られる。

7　10
解説▶ 5万分の1の地形図では20mごと。

8　①　B
解説▶ 等高線の間隔（かんかく）が広いところは傾斜が緩（ゆる）やか、狭（せま）いところは急となる。

②　神　社

③　北　西

④　果樹園

⑤　博物館

⑥　三角点

⑦　750m
解説▶ 3cm×25000＝75000cm＝750m

⑧　寺　院

✏ 記述力アップ！

Ｑ　野岳湖（のだけこ）は江戸（えど）時代、かんがいを目的に川をせき止めてつくられた湖である。右の図中の◯で囲んだ範囲（はんい）では、標高250m付近を境に土地利用に違（ちが）いが見られる。どのような違いが見られるか、図から土地利用の違いの要因になっていることを読み取って答えなさい。

[熊本]

図

（国土地理院電子地形図より作成。111％に拡大して掲載）

Ａ　（例）野岳湖から引いた水が標高約250mのところを流れているため、それより低いところは水田、高いところは畑として利用されている。

解説▶ 標高約250mよりも低いところは水を得られるので水田、それよりも高いところは水を得にくいので、水田ではなく畑の地図記号が見られる。

2 世界と日本の地形

重要度
☆☆☆

▶ 世界の地形 ◀

□ 1 地球の表面は、厚さ100kmほどの十数枚の硬い【　　】で覆（おお）われ、一定方向に少しずつ移動している。

□ 2 日本列島などを含（ふく）む、地図中の**X**の造山帯を何というか。

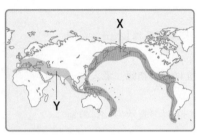

□ 3 地図中の**Y**の造山帯を何というか。

□ 4 2や3に属さない山脈として【ロッキー山脈　アパラチア山脈】がある。

□ 5 極地や高山に降った万年雪が氷となったものを何というか。

□ 6 5に侵食（しんしょく）されてできたU字形の谷に海水が入り込（こ）んでできた地形を【リアス海岸　フィヨルド】という。

▶ 日本の地形 ◀

□ 7 日本の国土は約【3分の1　4分の3】が山地と丘陵（きゅうりょう）である。

□ 8 日本列島を東日本と西日本に分ける溝状（みぞじょう）の地形は【　　】と呼ばれる。

□ 9 西日本は、長野県の諏訪湖（すわ）付近から九州へかけて縦断（じゅうだん）する【　　】と呼ばれる大断層によって2つに分割（ぶんかつ）される。

□ 10 飛驒（ひだ）山脈・木曽（きそ）山脈・赤石山脈は「日本の屋根」または何と呼ばれるか。

---

1 プレート

2 環（かん）太平洋造山帯

3 アルプス－ヒマラヤ造山帯

解説 環太平洋造山帯やアルプス－ヒマラヤ造山帯を新期造山帯といい、今も造山活動が続き、山脈は高く険しい。

4 アパラチア山脈

解説 造山活動が終わった古期造山帯に属し、山脈は低くなだらか。

5 氷河

6 フィヨルド

解説 ノルウェーやニュージーランド、チリなどの海岸部で見られる。

7 4分の3

8 フォッサマグナ

解説 ラテン語で「大きな溝」という意味。明治時代にナウマンが命名した。

9 中央構造線

10 日本アルプス

解説 飛驒山脈を北アルプス、木曽山脈を中央アルプス、赤石山脈を南アルプスと呼ぶ。

□11 川が山地から平地に出るところに土砂が積もってできた地形を【　　】という。

□12 川が海や湖に出るところに土砂が積もってできた地形を【　　】という。

□13 雨が川に流れ込む範囲の面積を何というか。

□14 山地が海に沈んでできた、入り江が入り組んだ海岸地形を【　　】という。

□15 右の地図中のＡの海洋を何というか。

□16 地図中のＢの海洋を何というか。

□17 地図中のＣの海洋を何というか。

□18 地図中のＤは①【暖流　寒流】の②【親潮(千島海流)　黒潮(日本海流)】である。

□19 17などに広がる、水深200mくらいまでの浅い海底を【　　】という。

□20 太平洋などに見られる、水深8000mをこえる海底を【海溝　潮目】という。

11 **扇状地**
　解説 果樹園に利用されることが多い。 注意

12 **三角州**
　解説 水田に利用されることが多い。

13 **流域面積**

14 **リアス海岸**

15 **オホーツク海**

16 **日本海**

17 **東シナ海**

18 ① **寒流**
　② **親潮(千島海流)**
　解説 黒潮(日本海流)は太平洋側を北上する暖流。

19 **大陸棚**

20 **海溝**
　解説 潮目(潮境)は寒流と暖流がぶつかる海域。

✎ 記述力アップ!

Q 右の**資料**は、日本と世界のおもな川を比較したものである。この**資料**から読み取れる日本の川の特色を、「距離」「傾斜」の語句を用いて簡潔に答えなさい。

A (例)**日本の川は距離が短く、傾斜が急である。**

　解説 **資料**から、日本の川は河口からの距離が短く、標高の高いところから流れ落ちていることが読み取れる。外国(大陸)の川と比べて、日本の川は短く流れが急であることがわかる。

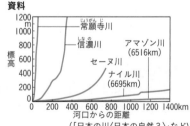

資料

（「日本の川〈日本の自然３〉」など）

3　日本の気候と自然災害

重要度
🔖🔖🔖

■ 日本の気候

□ 1　本州・九州・四国はおもに温帯に属し、北海道は【冷帯(亜寒帯)　寒帯】に属する。

□ 2　日本の気候は、季節によって風向きの変わる【　　】の影響を受け、四季の変化がはっきりしている。

□ 3　太平洋側の気候は、夏に【南東　北西】からの2の影響を受け、高温多雨となる。

□ 4　日本海側の気候は、冬に【南東　北西】からの2の影響を受け、雪や雨の日が多い。

□ 5　地図中のXには、1年を通して降水量が少なく、夏と冬、昼と夜の気温差が大きい【　　】が分布する。

北海道の気候

日本海側の気候

太平洋側の気候

南西諸島の気候

Y

X

□ 6　地図中のYに分布する、1年を通して降水量が少なく、冬でも比較的温暖な気候を何というか。

□ 7　6月から7月にかけて降り続く、多くの雨をもたらす長雨を何というか。

■ 日本の自然災害

□ 8　集中豪雨などにより、氾濫した川の水が土砂などとともに一挙に流れ下る【火砕流　土石流】が発生することがある。

□ 9　雨が少なく、そのため農作物の生育に影響を与える日照りの害を何というか。

1　**冷帯(亜寒帯)**

解説 北海道は、1～2月には最高気温が0℃に満たない真冬日が多い。

2　**季節風(モンスーン)**

3　**南　東**

解説 冬は少雨となり乾燥する。

4　**北　西**

解説 夏は少雨となる。夏は南東の季節風が山脈をこえてくるため気温が上昇するフェーン現象がおこることもある。

5　**内陸(中央高地)の気候**

6　**瀬戸内の気候**

7　**梅　雨**

解説 北海道にははっきりした梅雨の時期がない。

8　**土石流**

解説 火砕流は火山の噴火により、高温のガスや火山灰が高速で流れる現象。

9　**干　害**

解説 瀬戸内でおこることが多い。

10 農作物が生育する夏に低温と日照不足によって、作物の実りが悪くなる災害を何というか。

11 右の地図中の進路が示す熱帯低気圧を何というか。

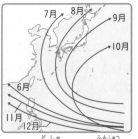

7月　8月　9月　10月　6月　11月　12月

12 地震による海底面の変化などにより発生する水面の大きな変化を【　】という。

13 地震の揺れによって、地中の土砂や水が噴出する現象を【液状化　高潮】現象という。

14 将来、静岡県から宮崎県にかけての【　】と呼ばれる海底の大きな溝が動くことにより巨大地震が発生すると予想されている。

15 災害を防ぐ防災に対して、災害による被害を減らすことを何というか。

16 災害に備えて、被災想定区域や避難場所・避難経路などを表した地図を【　】という。

17 災害に備えて、自らの自助、みんなで助け合う【　】、国などの対策の公助が重要である。

10 冷害

11 台風

12 津波
解説 2011年の東日本大震災では、津波によって大きな被害が出た。

13 液状化
解説 高潮は台風や強い低気圧によって、平常より海水面が高くなる現象。

14 南海トラフ

15 減災

16 ハザードマップ（防災マップ）

17 共助
解説 共助の1つとしてボランティア活動がある。

✎ 記述力アップ！

Q 右の文は、日本海側の地域で冬に雪が多く降るしくみについて述べたものである。文中の□□□にあてはまる内容を簡潔に答えなさい。[和歌山]

A （例）対馬海流から大量の水蒸気を含み
解説 大陸から吹いてくる乾いた北西の季節風は、日本海で暖流の対馬海流の水蒸気を含み、本州の山地にぶつかり上昇するときに雲を発生させ、日本海側の地域に雨や雪を降らせる。

下の図は、日本海側の地域で冬に雪が多く降るしくみを模式的に表したものである。大陸から吹いてくる季節風が日本海を渡るときに、□□□、本州の山地にぶつかって、日本海側の地域に多くの雪を降らせる。

図

季節風　雪

ユーラシア大陸　日本海　本州　太平洋

4 日本の人口

日本の人口

□ 1 世界の人口は、アジアやアフリカの国々を中心に増加傾向（けいこう）であるが、日本の人口は、1960年は約9400万人、2020年は約【1.3　1.5】億人、2060年の予想将来人口は約9300万人となり、今後は減少が予想されている。

□ 2 日本の【　　】は、1 km²あたり約335人（2022年）であり、世界の中でも高い方である。

□ 3 人口を年齢と性別に分けて表した下の図1〜3のようなグラフを何というか。

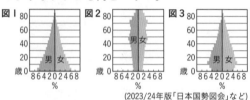

（2023/24年版「日本国勢図会」など）

□ 4 日本の3の図1〜3を年代の古いものの順に並べると、2番目になるものは図【　　】である。

□ 5 出生率の低下によって0〜14歳（さい）の子どもの数が減少することを何というか。

□ 6 総人口に占（し）める65歳以上の人口（老年人口）の割合が高くなることを何というか。

□ 7 現在の日本では5と6が同時におこる【　　】が進んでいる。

□ 8 右の図中の「15〜64歳」を【年少人口　生産年齢人口】という。

〈将来の日本の人口の動き〉

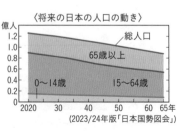

（2023/24年版「日本国勢図会」）

---

1 1.3
解説 126146（千人）である。世界人口は、2022年に約80億人に達し、2058年には100億人をこえると予想される。

2 人口密度

3 人口ピラミッド

4 3
解説 図1→図3→図2の順。日本の人口ピラミッドは、かつては多産多死の富士山型であったが、その後、死亡率・出生率がともに低いつりがね型へと移行し、現在はさらに出生率・死亡率が低下し、つぼ型になっている。

5 少子化
解説 出生率は「合計特殊（とくしゅ）出生率」ともいい、2022年の日本の値は1.26である。

6 高齢化
解説 日本における高齢化率は、2020年の28.6％から2065年には38.4％に上昇（じょう）すると予想されている。

7 少子高齢化

8 生産年齢人口
解説 0〜14歳を年少人口という。

■日本の都市

9 日本の総人口の約48％（2022年）が、東京・大阪・【　　　】の三大都市圏50km内に集中している。

10 政令で指定された人口50万人以上の都市を【政令指定都市　地方中枢都市】という。

11 都市への過度な人口集中を【　　　】という。

12 都心部の人口が減少し、郊外の人口が増加する現象を何というか。

13 近年の再開発の結果、郊外から都心に近い地域に人々が戻ってくる【　　　】が見られる。

14 地方の農村などで、人口が減少し、通常の社会生活の維持が難しくなった状態を何というか。

15 65歳以上の高齢者の割合が50％をこえ、共同体の機能の維持が困難な集落を【　　　】集落という。

16 大都市圏以外の出身者が大都市圏に移住し、その後、出身地やその付近に戻ることを【Uターン　Iターン】という。

---

9 名古屋

10 政令指定都市

[注意] 地方中枢都市は、その地方の政治や経済の中心となる都市。

11 過密

12 ドーナツ化現象

13 都心回帰

14 過疎

15 限界

16 Uターン

[注意] Iターンは、大都市圏の出身者が大都市圏以外の地域に移住すること。

🔍 思考力アップ！

Q 右の**資料**を説明した次の文**X**・**Y**の正誤の組み合わせとして正しいものを、あとから1つ選びなさい。　[神奈川]

X 65歳以上の人口割合を比べると、2022年の方が2012年より小さい。

資料 堺市内の泉北ニュータウンの人口ピラミッド

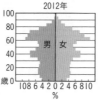
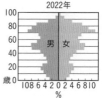

Y 2022年の25〜34歳の人口割合は、2012年の15〜24歳の人口割合より大きい。

ア X−正　Y−正　　**イ** X−正　Y−誤
ウ X−誤　Y−正　　**エ** X−誤　Y−誤

Ⓐ エ

解説　Yについて、2022年の25〜34歳の人口割合は男女とも4％以下であるが、2012年の15〜24歳の人口割合は男女とも4％以上である。

5 日本の資源・エネルギー

重要度
▢▢▢

日本の資源・エネルギー

□ 1 石炭などのエネルギー資源、金鉱などの金属資源をまとめて何というか。

□ 2 エネルギー資源として、シェールガスやシェールオイルのほか、「燃える氷」といわれる【　　】が注目されている。

□ 3 1のうち、石炭や石油、天然ガスなど、太古の動植物の死がいから生まれたものを【　　】燃料という。

□ 4 3燃料の燃焼により発生する二酸化炭素など、地球の気温を上昇させる気体を何というか。

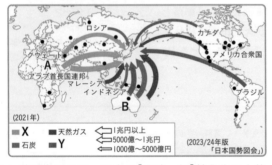

(2021年)
■ X　■天然ガス　⇐1兆円以上
■ 石炭　Y　⇐5000億〜1兆円
　　　　⇐1000億〜5000億円
(2023/24年版「日本国勢図会」)

□ 5 地図中の X は、日本の【原油　銅】輸入先の上位3か国を示している。

□ 6 地図中の A の国は、日本が 5 を最も多く輸入している【　　】である。

□ 7 地図中の Y は、日本の【鉄鉱石　石灰石】輸入先の上位3か国を示している。

□ 8 日本が 7 を最も多く輸入している、地図中の B にあてはまる国は何か。

□ 9 地図中の●は、電気製品の製造になくてはならない【ボーキサイト　銅】のおもな分布地である。

---

1 鉱産資源

2 メタンハイドレート

3 化石

4 温室効果ガス

5 原油
解説 日本の銅の輸入先は約40%がチリで、次いでインドネシア、オーストラリアなどである(2021年)。

6 サウジアラビア
解説 次いでアラブ首長国連邦、クウェート、カタールなどであり、中東への依存度は90%をこえている。

7 鉄鉱石
解説 日本の石灰石の自給率は100%である。

8 オーストラリア
解説 オーストラリアから約59%を輸入している(2021年)。

9 銅
解説 銅は銅線などに利用される。ボーキサイトはアルミニウムの原料である。

日本と世界の電力

□10 右の地図中の●は、おもな【　】発電所の分布を示す。

□11 地図中の★は、おもな【　】発電所の分布を示す。

□12 火力発電所は【臨海部　山間部】に多くつくられている。

□13【フランス　ブラジル】は、原子力発電の割合が大きい。

□14【火力　原子力】発電は発電時に二酸化炭素を排出し、地球温暖化の原因になる。

□15 太陽光や、地熱、バイオ燃料などのように、繰り返し利用できるエネルギーを【　】という。

地図：
10 発電所*
★ 11 発電所**
※運転停止中、建設中のものも含む。
（＊は2022年3月末現在、
＊＊は2021年9月15日現在）
（2023/24年版「日本国勢図会」）

10 **水　力**
解説》川の上流に立地。

11 **原子力**
解説》冷却水の得やすい沿岸部に立地。

12 **臨海部**
解説》火力発電の燃料となる原油・石炭・天然ガスの輸入に便利な臨海部や、電力消費が多い大都市の近くに立地する。

13 **フランス**
解説》ブラジルは水力発電の割合が大きい。

14 **火　力**

15 **再生可能
エネルギー**

💡 **思考力アップ！**

Ⓠ 右の**グラフ**は、日本の1960年、1980年、2000年、2020年における、それぞれの総発電量に占めるエネルギー源別発電量の割合を示している。また、**グラフ**の**ア〜ウ**は、1960年、1980年、2000年のいずれかを、**a〜c**は、水力、火力、原子力のいずれかである。2020年ア〜ウを年代の古い順に並べかえなさい。　［静岡］

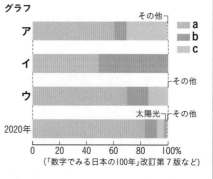

グラフ

ア　イ　ウ

その他
a
b
c

その他

太陽光　その他

0　20　40　60　80　100%
（「数字でみる日本の100年」改訂第7版など）

Ⓐ **イ→ウ→ア**

解説》水力（b）から発電量が調整しやすい火力（a）へと発電の中心が移ったが、1973年の石油危機をきっかけに原子力（c）への依存が高まった。しかし、2011年の東日本大震災での福島第一原子力発電所の事故をきっかけに原子力への依存度が弱まった。

6 日本の農業・漁業・林業

重要度 ▨▨□

日本の農業

□ 1 農業は、漁業・林業などとともに第【一　二　三】次産業に分類される。

□ 2 次の①〜③の地方の農業産出額で最も多いものを、あとの**ア〜エ**から1つずつ選べ。
①北海道　②関東・東山(山梨・長野)　③北陸
ア 米　　**イ** 野菜　　**ウ** 果実　　**エ** 畜産(ちくさん)

□ 3 同じ耕地で1年に2回、異なった農作物を栽培(さいばい)することを【二期作　二毛作】という。

□ 4 日本人の主食の米が余ったことから、2018年まで行われていた政策を何というか。

□ 5 野菜や草花を大都市の近くで生産し、新鮮(しんせん)なまま消費地に早く出荷(しゅっか)する農業を何というか。

□ 6 宮崎平野や高知平野では、冬でも温暖な気候を利用して、冬に夏野菜を出荷する【　】栽培が行われている。

□ 7 長野県では、夏の涼(すず)しい気候を利用して、レタスなどの高原野菜を生産する【　】栽培が行われている。

□ 8 右のグラフの県別生産割合が示す果実が何か。(2022年)

全国計73万7100t

| 青森 59.6% | 長野 18.0 | 6.5 | その他 15.9 |
岩手┘
(農林水産省)

□ 9 みかん栽培は、【　】県、愛媛県、静岡県が上位3県である。

□ 10 北海道などでさかんな、乳牛を飼育し牛乳や乳製品などをつくる畜産業(ちくさん)を何というか。

□ 11 地域で生産されたものを、その地域で消費することを何というか。

---

1 **一**
解説▶ 第二次産業は製造業や鉱業・建設業、第三次産業は商業やサービス業などである。

2 ① **エ**
　② **イ**
　③ **ア**

3 **二毛作**
注意▶ 二期作は、同じ耕地で1年に2回、同じ農作物を栽培すること。

4 **減反政策(げんたん)**
　(生産調整)

5 **近郊農業**
解説▶ 消費地に近いため、輸送費が安くつくという利点もある。

6 **促成(そくせい)** ◀┄┄┄┄
　　　　　┌**注意**┐
7 **抑制(よくせい)** ◀┄┄┘
解説▶ 促成栽培も抑制栽培も、ほかの地裁と異なった時期に出荷するため、高価格で販売することができる。

8 **りんご**

9 **和歌山**
解説▶ 果樹栽培は山などの傾斜地(けいしゃ)や、扇状地(せんじょう)など水はけのよい場所で行われる。

10 **酪農(らくのう)**

11 **地産地消**

日本の漁業・林業

□12 右のグラフ中のDは、排他的経済水域（はいた）の設定により影響（えいきょう）を受けた【遠洋　沖合（おきあい）】漁業である。

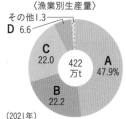

〈漁業別生産量〉

その他1.3
D 6.6
C 22.0
A 47.9%
B 22.2
422万t

(2021年)
(2023/24年版「日本国勢図会」)

□13 魚や貝をいけすなどで育て、大きくなってから出荷（しゅっか）する漁業を何というか。

□14 人工的にふ化させた稚魚（ちぎょ）や稚貝を放流し、成長してからとる漁業を何というか。

□15 日本の魚介類（ぎょかい）の食料自給率は約【100　60】％である。

□16 日本は国土の約【3分の2　5分の2】が森林で林業がさかんであったが、働く人の高齢化（こうれい）が進み、後継者（こうけい）不足などの問題を抱（かか）えている。

12 遠　洋

解説 Aは沖合漁業、Bは沿岸漁業、Cは海面養殖業（よう）（しょく）である。

13 養殖業（ようしょく）

注意

14 栽培漁業（さいばい）

解説 育てる漁業には、養殖業と栽培漁業がある。

15 60

解説 日本の食料自給率は、米99％、小麦15％、大豆6％、野菜79％、果実39％、肉類53％、食料全体では38％である(2022年)。

16 3分の2

✎ **記述力アップ！**

Q 図1は、1965年から2022年の日本における酪農家戸数（らくのう）の変化を、図2は乳牛の飼育頭数の変化を示したものである。図1・図2を見て、日本の酪農の動向について、簡潔に答えなさい。　[お茶の水女子大附高]

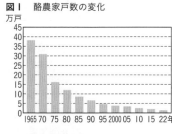

図1　酪農家戸数の変化

万戸

1965 70 75 80 85 90 95 2000 05 10 15 22年

図2　乳牛の飼育頭数の変化

万頭

1965 70 75 80 85 90 95 2000 05 10 15 22年
(農林水産省)

A (例)酪農家戸数の大きな減少に対して、乳牛の飼育頭数の減少は少ないため、1戸あたりの乳牛の飼育頭数は増加している。

解説 1965年と2022年を比べてみると、酪農家戸数は激減しているが、乳牛の飼育頭数は大きな変化が見られないことがわかる。

7 日本の工業、商業・サービス業

重要度 ■■■

日本の工業

□ 1 工業のうち、軽工業には【食料品工業　金属工業】が含まれる。

□ 2 機械工業などの重工業と、石油化学などの化学工業をまとめて【　　】という。

□ 3 工業地域は、関東地方から九州地方北部へかけての【　　】と呼ばれる帯状の地域に集中する。

〈おもな工業地帯・工業地域の出荷額割合〉

X
4.9→　9.7
6.8
10.3
58兆9290億円　68.3%

Y
13.6
10.8
15.7
35兆1081億円　38.8%
21.1

Z
16.5
12.7
17.2
39兆2519億円　42.8%
10.8

北九州工業地域
16.6
13.7
7.4
9兆4450億円　43.2%
19.1

■ 機械
■ 金属
■ 化学
■ 食料品
▧ その他

(2021年)　　(2024年版「データでみる県勢」)

□ 4 上の**X**の愛知県を中心とし、日本最大の工業出荷額を誇る工業地帯を何というか。

□ 5 上の**Y**の大阪府・兵庫県に広がる、中小企業が内陸部に多い工業地帯を何というか。

□ 6 上の**Z**は、東京都・神奈川県・埼玉県に広がる【京浜工業地帯　京葉工業地域】である。

□ 7 上の北九州工業地域は、明治時代に【　　】県に建設された八幡製鉄所を中心に発展した。

□ 8 京葉工業地域で出荷額の最も多いのは【食料品工業　化学工業】である。

□ 9 茨城県・栃木県・群馬県にまたがる、機械工業がさかんな工業地域を何というか。

---

1 **食料品工業**

解説 軽工業は、日常使う軽い製品を生産する。金属工業は、重い製品を生産する重工業に含まれる。

2 **重化学工業**

3 **太平洋ベルト**

4 **中京工業地帯**

解説 自動車などの輸送機械工業がさかんである。

5 **阪神工業地帯**

6 **京浜工業地帯**

解説 京葉工業地域は、千葉県の東京湾沿岸を埋め立ててつくられた。

7 **福　岡**

解説 八幡製鉄所は、日清戦争の賠償金をもとに建設され、1901年に操業を開始した。

8 **化学工業**

9 **北関東工業地域**

解説 高速道路沿いに多くの工業団地がつくられた。

10 日本で最も製造品出荷額が多いのは【化学　機械】工業である。

11 日本企業が海外での生産を増やしたため、日本国内での産業が衰えることを何というか。

日本の商業・サービス業

12 右のグラフ中のA〜Cのうち、第三次産業はどれか。

〈おもな国の産業別人口の割合〉

	A 3.2%	B	C
日本 6636万人		23.7	73.1
アメリカ合衆国 1億5965万人	1.7%	19.2	79.2
タイ 3993万人		31.6%　22.5	45.9

※合計が100%になるように調整していない。
(2021年)
(2024年版「データブック オブ・ザ・ワールド」)

13 日本で第三次産業人口の割合が大きいのは、三大都市圏や那覇を県庁所在地とする【　　】県などである。

14 第三次産業のうち、サービス業には【情報通信業　コンビニエンスストア】が含まれる。

---

10 機 械
解説 約45％を機械工業が占める(2020年)。

11 産業の空洞化

12 C
解説 Aは第一次産業、Bは第二次産業である。

13 沖 縄
解説 第三次産業の人口割合は、東京都が85.5％、次いで沖縄県の81.9％、北海道の79.3％である(2022年10月1日現在)。

14 情報通信業
解説 コンビニエンスストアは小売業で、商業である。

記述力アップ！

Q 右の図は石油化学コンビナートの分布を、表は日本の原油の生産量と輸入量を示している。石油化学コンビナートの立地する場所の特徴を図から読み取って答えなさい。また、その特徴が見られる理由として考えられることを、表に着目して答えなさい。　　　　[和歌山]

A 特徴：(例)臨海部に立地している。
理由：(例)原料の原油を輸入するのに便利だから。

解説 鉱産資源の乏しい日本は、石油化学工業の原料となる原油や、鉄鋼業の原料となる鉄鉱石を船舶を使って輸入している。そのため、石油化学コンビナートや製鉄所は臨海部に集中している。

図
●石油化学コンビナート所在地

(2023/24年版「日本国勢図会」)

表

原油の生産量	421(千kL)
原油の輸入量	158642(千kL)

(2022年)(2023/24年版「日本国勢図会」)

8 世界や日本国内の結びつき、日本の地域区分

重要度 □□□

日本の交通・通信

□ 1 【海上　航空】輸送は時間がかかるが、大量の人や物を運ぶのに適している。

□ 2 【海上　航空】輸送は費用が高いが、人や貨物を遠くまで早く運ぶことに適している。

□ 3 【鉄道　自動車】輸送は時刻が正確だが、戸口から戸口へ運ぶのには適していない。

□ 4 右のグラフ中のYは何を使った輸送か。

〈国内輸送の内訳の変化〉

旅客			
1960年	X 75.8%		Y 22.8
2020年	24.7%	72.2	

船1.1　航空機0.3
0.1　3.0

貨物			
1960年	X 39.0%	15.0	船46.0
2020年	55.4	39.7	

Y　航空機0.1未満
4.7%　0.1

※合計が100%になるように調整していない。
（2023年版「日本のすがた」など）

□ 5 1964年に、東京〜新大阪間に日本初の高速交通網のさきがけとなる【　　】新幹線が開通した。

□ 6 乗りかえや貨物の積みかえの拠点としての機能をもつ空港を何というか。

□ 7 経費削減や環境への配慮から、荷物をトラックでなく、鉄道や船で運ぼうとする動きを【モーダルシフト　モータリゼーション】という。

□ 8 世界中と通信できるコンピュータのネットワークシステムを何というか。

日本の貿易

□ 9 かつて日本でさかんだった、原料を輸入し、製品をつくって輸出する貿易の形態を何というか。

□ 10 自国と相手国の間で、輸出額＞輸入額の状態は、自国の【貿易赤字　貿易黒字】である。

□ 11 輸出が輸入を大きく上回ることで、関係国間で生じる貿易問題を何というか。

---

1 **海上**
解説 鉄鉱石や石炭、原油など重たく、容積の大きいものは、海上輸送が行われる。

2 **航空**

3 **鉄道**
解説 自動車輸送は、戸口から戸口まで、小回りのきく輸送が可能であるが、排出ガスによる環境への負荷が大きい。

4 **自動車**
解説 Xは鉄道。

5 **東海道**

6 **ハブ空港**

7 **モーダルシフト**
解説 モータリゼーションは、自動車中心の日常生活のこと。

8 **インターネット**
解説 情報通信技術（ICT）の1つ。世界中に多くの情報通信網が張りめぐらされている。

9 **加工貿易**

10 **貿易黒字**
解説 相手国は貿易赤字になる。

11 **貿易摩擦**

□12 日本の輸入額、輸出額とも最大の貿易相手国（2021年）は【　　】である。

□13 日本の輸出品の輸出額1位は機械類、2位は【自動車　繊維品】、3位は鉄鋼（2021年）である。

□14 日本の貿易額1位（2021年）の、千葉県の貿易港はどこか。

日本の地域区分

□15 日本を7つに区分すると、北海道、東北、関東、中部、中国・四国、九州と地図中**X**の【　　】地方となる。

□16 東北地方に属する県の数はいくつか。

□17 中部地方は北陸、中央高地、【　　】に3区分される。

□18 中国・四国地方は、【　　】、瀬戸内、南四国に3区分される。

12 **中国**

解説 2位はアメリカ合衆国、3位は台湾、4位は韓国。地域ではアジア州、北アメリカ州、ヨーロッパ州の順となる（2021年）。

13 **自動車**

解説 輸入品1位は機械類、2位は原油、3位は液化ガス（2021年）。

14 **成田国際空港**

15 **近畿**

16 **6**

解説 青森・秋田・岩手・山形・宮城・福島の6県。

17 **東海**

18 **山陰**

記述カアップ！

Q 海上輸送と航空輸送の特徴について、次の文中の□□に入れるのに適する内容を、右の**表**を参考に簡潔に答えなさい。　［大阪－改］

・港と空港では輸送手段の違いから、輸送する品目にも違いがある。
・輸送品目の重量という観点から比べると航空輸送は□□□といえる。

表 貿易港別の輸出品目と輸出額

名古屋港	百億円	成田国際空港	百億円
自動車	288	半導体等製造装置	117
自動車部品	210	科学光学機器	74
内燃機関	52	金（非貨幣用）	71
電気計測機器	43	集積回路	50
金属加工機械	41	電気計測機器	49
総額	1248	総額	1282

（2021年）　　（2023/24年版「日本国勢図会」）
※内燃機関…自動車・船・航空機などのエンジン
　科学光学機器…メガネ・レンズ・カメラなど
　金（非貨幣用）…電気通信機器、宝飾品などに使用

A （例）軽いものを輸送する

解説 航空輸送品目は海上輸送品目と比べると、重量は軽く、容積は小さいという特徴がある。また、高額なものを輸送するという特徴もある。

九州地方

重要度
🔖🔖🔖

九州地方の自然

☐ 1 地図中の A は【筑紫　九州】山地である。

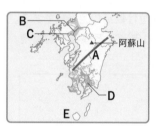
阿蘇山

☐ 2 地図中の阿蘇山などで見られる、火山活動による爆発や陥没でできた大きなくぼ地を【　　】という。

☐ 3 地図中の B の川を何というか。

☐ 4 地図中の C の平野を何というか。

☐ 5 4 に残る、かんがいや排水のための水路を何というか。

★☐ 6 地図中の D の、火山灰が積もった台地を【　　】台地という。

☐ 7 世界自然遺産に登録されている地図中の E は【種子島　屋久島】である。

☐ 8 多くの火山がある九州地方は、【水力　地熱】発電がさかんである。

☐ 9 かつての琉球王国が栄えた沖縄県は、【さんご礁　ぶなの原生林】など自然が豊かである。

九州地方の産業など

☐ 10 4 で行われている、同じ耕地で、1 年に 2 種類の異なる農作物を栽培することを何というか。

★☐ 11 宮崎平野では、冬でも温暖な気候を利用して夏野菜を栽培する【　　】栽培が行われている。

☐ 12 鹿児島県は畜産業がさかんで、【豚　乳牛】の飼育頭数は日本一である。

☐ 13 3 が流れ込む【有明海　鹿児島湾】は、のりの養殖がさかんである。

---

1 九州

2 カルデラ
　解説 阿蘇山のカルデラは世界最大級。

3 筑後川

4 筑紫平野

5 クリーク

6 シラス
　解説 水がしみ込みやすく、水田には向かない。畑作や畜産が行われている。

7 屋久島
　解説 縄文杉がある。種子島は右隣の島で、1543 年にポルトガル人が鉄砲を伝えた。

8 地熱

9 さんご礁

10 二毛作
　解説 水田の裏作として、小麦などを栽培している。

11 促成
　解説 きゅうり・ピーマンの栽培がさかんである。

12 豚
　解説 肉牛の飼育もさかん。乳牛は北海道。

13 有明海

☐14 6 が広がる【笠野原　牧ノ原】の台地では、茶や
　　さつまいもなどの栽培がさかんである。

☐15 右の地図中の**X**の工業地域
　　を何というか。

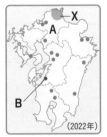

(2022年)

☐16 15は、1901年に操業を開始
　　した【　　】製鉄所が発展の
　　もとである。

☐17 16製鉄所が地図中の**A**県に
　　建設されたのは、中国から
　　輸入した鉄鉱石と筑豊地方で産出される何を利
　　用できたからか。

☐18 1960年代にエネルギーの中心が石炭から石油に
　　変わったことを【産業革命　エネルギー革命】と
　　いう。

☐19 地図中の●は、1970年代から急増した【　　】工
　　場の分布を示している。

☐20 地図中の**B**の都市近辺でおこった、メチル水銀
　　を原因物質とする公害病を何というか。

☐21 北九州市や**B**の都市は、温室効果ガスの大幅な
　　削減などに取り組む【　　】に選定された。

☐22 沖縄県には、日本にある【　　】軍基地の約70％
　　が集中する。

地理　歴史　公民

14 笠野原

15 北九州工業地域

16 八幡
解説 北九州工業地域は、
古くは八幡製鉄所を中心
に鉄鋼業が発達した。そ
の後、九州地方にはIC
工場や自動車工場が進出
し、現在は機械工業の割
合が高くなっている。

17 石炭

18 エネルギー革命
解説 この結果、日本の
石炭産業は衰えた。

19 IC（集積回路）

20 水俣病

21 環境モデル都市
解説 廃棄物をゼロにす
ることを目ざし、循環型
社会の構築を図るエコタ
ウン事業を進めている。

22 アメリカ

✏ 記述力アップ！

Q 右の**写真**は沖縄の伝統的な家屋を示した
　ものである。家屋の周囲を石垣で囲って
　いる理由を簡潔に答えなさい。

A （例）台風の強風による被害を避けるため。

解説 低く建てられた家屋が多く、周囲を防風
林で囲んだり、屋根がわらをしっくいで
固めたりして、強風で吹き飛ばされない
ようにするくふうも見られる。

写真

2　中国・四国地方

重要度
★★★

中国・四国地方の自然

□ 1　地図中の**A**の山地を何というか。

□ 2　地図中の**B**の海を何というか。

□ 3　地図中の**C**は【四万十川　吉野川】である。

□ 4　地図中の**D**の日本最大級の砂丘を何というか。

□ 5　地図中の**E**の平野を何というか。

□ 6　地図中の**F**の岬は【室戸岬　足摺岬】である。

□ 7　地図中の**G**は谷間に海水が入り込み、入り組んだ海岸地形の【　　】が続く。

□ 8　中国地方は山陰と【　　】に2区分される。

中国・四国地方の産業など

□ 9　高知平野ではかつて、同じ耕地で1年に2回、同じ農作物を栽培する【　　】が行われていた。

□10　高知平野では、暖かい気候を利用した野菜の【　　】栽培が行われている。

□11　右のグラフの県別生産割合が示す果実は何か。

□12　鳥取県の【境　焼津】港は、日本海側で有数の水揚げ量を誇る。

□13　広島県は養殖による【かき　まだい】の水揚げ量が日本一多い。

□14　広島県や岡山県など2に面した県に広がる工業地域を何というか。

和歌山 22.4%
その他 29.6
68万 2200t
愛媛 16.0
静岡 15.1
熊本 11.0
長崎 5.9
（2022年）
（農林水産省）

1　中国山地

2　瀬戸内海

3　四万十川
解説 吉野川は徳島平野を流れる。

4　鳥取砂丘

5　讃岐平野

6　室戸岬
解説 足摺岬は西側の岬。

7　リアス海岸
解説 真珠やぶり、まだいの養殖がさかんである。

8　山陽

9　二期作
解説 米の二期作が行われていた。

10　促成

11　みかん
解説 和歌山県も愛媛県も、山地の傾斜地を利用して栽培している。

12　境
解説 焼津港は、静岡県の遠洋漁業の基地。

13　かき

14　瀬戸内工業地域
解説 化学工業の割合が高い。

15 14は【水田　塩田】の跡地などを工業用地として
整備し、原料の輸入に適した沿岸部に発達した。

16 岡山県倉敷市などには、関連する工場をパイプ
ラインで結んだ石油化学【　　】がある。

17 広島市周辺では【自動車　繊維】工業が発達して
いる。

18 1の農村などでは、人口減少により社会生活を
営むことが困難な【　　】が進んでいる。

19 本州と四国を結ぶ3つのルートをまとめて何と
いうか。

20 19のうち、瀬戸大橋は、岡山県の倉敷市と対岸
の【　　】県の坂出市を結ぶ。

21 19の完成により著しくなった、四国の人々が本
州側の都市へ吸い寄せられる現象を何というか。

22【島根　広島】県の石見銀山は、世界遺産である
ことをいかして、地域おこしを行っている。

15 塩 田

16 コンビナート

17 自動車

18 過疎(化)

19 本州四国連絡橋

20 香 川
解説 児島・坂出ルート
という。ほかの2つは、
神戸・鳴門ルート、尾道・
今治ルート。

21 ストロー現象

22 島 根
解説 広島県には原爆ド
ーム、厳島神社の2つの
世界遺産がある。

✎ 記述力アップ！

Q 資料1は鳥取県、香川県、高知県のそれぞれの県庁所在地の降水量を示してい
る。資料1に見られるように、3県の中で香川県の降水量が特に少ない理由
を、資料2をもとに「日本海」「太平洋」の語句を用いて答えなさい。　　[鹿児島]

資料1

	年降水量
鳥取県鳥取市	1931.3mm
香川県高松市	1150.1mm
高知県高知市	2666.4mm

(2024年版「理科年表」)

資料2

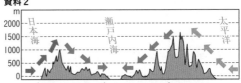

←湿った風(夏) ←湿った風(冬) ←乾いた風
(地理院地図などから作成)

A (例)日本海や太平洋から吹く湿った風が、山地をこえるときに雨や雪を降らせ
たあと、乾いた風となって瀬戸内地方に吹き込むから。

解説 瀬戸内は季節風の影響が小さく、降水量が少ない。香川県の讃岐平野には水不足を
補うために多くのため池がつくられた。現在は、吉野川の水を引いてつくられた香
川用水から水を引き、農業用水・上水道・工業用水として利用している。

3 近畿地方

近畿地方の自然

□ 1 地図中の**A**の湾を何というか。

□ 2 地図中の**B**の山地を何というか。

★ □ 3 地図中の**C**の湖を何というか。

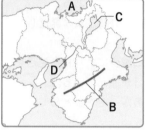

□ 4 3は水鳥のいる湿地の保全を目的とする【ラムサール条約　世界遺産条約】に登録されている。

□ 5 3から流れ出る、地図中の**D**の川を何というか。

★ □ 6 兵庫県明石市には、日本の標準時子午線である【　　】度の経線が通る。

近畿地方の産業など

□ 7 明石海峡大橋で本州と結ばれた、近郊農業がさかんな島を何というか。

□ 8 右の和歌山県の農業産出額の内訳のグラフ中の**X**は、【野菜　果実】である。

その他 11.9
米 6.5
Y 12.0
1135億円
X 69.6%
(2021年)　　　(農林水産省)

□ 9 京都府宇治市は【茶　米】の産地として有名である。

□ 10 2は【吉野すぎ　木曽ひのき】が有名な林業地帯である。

□ 11 リアス海岸となっている志摩半島の英虞湾では【こんぶ　真珠】の養殖がさかんである。

□ 12 大阪市や神戸市を中心に、大阪府から兵庫県南部にかけて広がる工業地帯を何というか。

□ 13 12で問題となった、地下水のくみ上げすぎが原因でおこった公害を何というか。

---

1 **若狭湾**
解説 リアス海岸が発達。原子力発電所が多い。

2 **紀伊山地**

3 **琵琶湖**
解説 水質の保全や生態系を守るための取り組みが行われている。

4 **ラムサール条約**

5 **淀川**

6 **東経135**

7 **淡路島**
解説 たまねぎの栽培がさかんである。

8 **果実**
解説 和歌山県ではみかんの栽培がさかんである。Yは野菜。

9 **茶**

10 **吉野すぎ**
解説 木曽ひのきはおもに長野県・岐阜県に分布。三重県の尾鷲ひのきも有名。

11 **真珠**

12 **阪神工業地帯**
解説 第二次世界大戦前は日本最大の工業地帯であった。

13 **地盤沈下**

□14 12には、機械の部品や毛布、タオルなどの軽工業製品を生産する【大工場　中小工場】が多い。

□15 京都の伝統的工芸品には、【清水焼　信楽焼】や西陣織、京友禅などがある。

□16 近畿地方には古くから都が置かれ、奈良時代には【　　　】が、平安時代には平安京が築かれた。

□17 奈良市や京都市には伝統的な住居である【町家　庄屋】が残り、町並みの保存が行われている。

□18 江戸時代、大阪は商業の中心地として「【　　　】」と呼ばれた。

□19 大阪湾の泉州沖を埋め立ててつくられた、24時間運営されている海上空港を何というか。

□20 住宅不足を解消するために、大都市の郊外につくられた大規模な住宅地を何というか。

□21 1995年、神戸市を中心に大きな被害をもたらした地震と、それに伴う災害をまとめて何というか。

14 中小工場

15 清水焼
解説 信楽焼は滋賀県。

16 平城京

17 町家

18 天下の台所

19 関西国際空港
解説 騒音対策から海上の人工島に建設された。

20 ニュータウン
解説 丘陵地を削った土砂を利用し、神戸市は海上に人工島のポートアイランドを建設した。

21 阪神・淡路大震災

地理

歴史

公民

💡 思考力アップ！

Q 右の**グラフ**を正しく読み取ったものを次から1つ選びなさい。

ア 1960年と2021年で出荷額が最も増えたのは、機械、次いで化学である。

イ 1960年と1983年で出荷額が減ったのは、金属と繊維である。

ウ 機械の割合は年を追うごとに増えているが、出荷額は減っている。

エ 2021年の繊維の出荷額は、1983年の繊維の出荷額の約5分の1である。

グラフ 阪神工業地帯の工業出荷額の変化

年	金属	機械	化学	食品品	繊維	その他
1960年 3.2兆円	26.6%	26.7	9.1	9.8	12.0	15.8
1983年 32.6兆円	21.7%	29.6	15.5	10.3	5.8	17.1
2021年 35.1兆円	21.1%	38.8	15.7	10.8	1.1	12.5

■金属 ■機械 ■化学 ■食料品
■繊維 ■その他
（2024年版「データでみる県勢」など）

A エ

解説 **ア**. 機械に次いで増えたのは金属である。**イ**. 金属も繊維も増えている。**ウ**. 出荷額も増えている。**エ**. 1983年は約1.9兆円、2021年は約0.4兆円である。

49

4　中部地方

重要度
▢▢▢

中部地方の自然

☐ 1 地図中の **A** の山脈を何というか。

☐ 2 地図中の **B** の、日本最長の川を何というか。

☐ 3 地図中の **C** は【　　】平野である。

☐ 4 濃尾平野の木曽川などが合流するところにある、堤防に囲まれた土地を【　　】という。

☐ 5【東海　北陸】地方は、冬に豪雪地帯となる。

中部地方の産業

☐ 6 3平野は1年を通して【　　】だけを行う水田単作地帯である。

☐ 7 長野県の八ヶ岳山麓の野辺山原では、冷涼な気候に適したレタスなどの【　　】が栽培されている。

☐ 8 山梨県の【　　】盆地は果樹栽培がさかんである。

☐ 9 右のグラフの県別生産割合が示す農産物は何か。

その他 35.1
山梨 25.1%
16.3万t
長野 17.8
福岡 4.4
8.6 山形
9.0 岡山
(2022年)
(2024年版「データでみる県勢」)

☐ 10 愛知県の渥美半島では、電照菊が【　　】栽培により栽培されている。

☐ 11 ビニールハウスや温室などで野菜や花を生産するのは【　　】農業である。

☐ 12 牧ノ原など、茶の栽培で有名な県はどこか。

☐ 13 12にある、遠洋漁業の基地となっている漁港は【　　】港である。

☐ 14 富山市の製薬など、地元の原材料や伝統技術と結びついた産業を【地場産業　第一次産業】という。

1 赤石山脈
注意 飛驒山脈、木曽山脈と区別。

2 信濃川

3 越後

4 輪中
解説 揖斐川、長良川、木曽川に挟まれた土地の多くは、海面より低い。

5 北陸

6 稲作
解説 単作とは、一種類の農作物のみを栽培すること。北陸は早場米や銘柄米(ブランド米)の栽培に力を入れている。

7 高原野菜

8 甲府

9 ぶどう
注意 山梨・福島・長野が生産上位のももと区別。

10 抑制
注意 促成栽培と区別。

11 施設園芸

12 静岡県

13 焼津

14 地場産業
解説 冬は雪が多く農業ができないため、農家の副業として発達した。

□15 【小千谷ちぢみ　輪島塗】は、石川県の伝統的工芸品である。

□16 長野県は製糸業がさかんであったが、太平洋戦争後、時計製造などの【　　】工業が発達した。

□17 愛知県を中心とした、日本最大の製造品出荷額を誇る工業地帯を何というか。

□18 17の中心は、豊田市での【　　】の生産などの機械工業である。

□19 三重県の【　　】市は石油化学工業がさかんで、かつては公害問題が発生した。

□20 愛知県の瀬戸市や岐阜県の多治見市では、【よう業　鉄鋼業】がさかんである。

□21 静岡県南部を中心に広がる工業地域を何というか。

□22 【富士市　浜松市】とその周辺では、オートバイや楽器の生産がさかんである。

地理

歴史

公民

15 輪島塗
解説 小千谷ちぢみは新潟県の伝統的工芸品。

16 精密機械
解説 1980年代以降は電子部品などの電気機械工業の工場が進出した。

17 中京工業地帯

18 自動車

19 四日市

20 よう業

21 東海工業地域

22 浜松市
解説 富士市は製紙・パルプ工業がさかん。

✏ 記述力アップ！

Q レタスの生産と出荷について、**資料1**の　　　　の時期における長野県産のレタスの東京都中央卸売市場への月別出荷量にはどのような特徴があるか。**資料1〜3**から読み取り、長野県の気候に触れて答えなさい。

[三重-改]

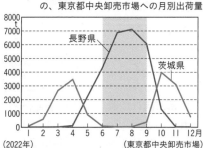

資料1　長野県産のレタスと、茨城県産のレタスの、東京都中央卸売市場への月別出荷量

長野県
茨城県

(2022年)　　(東京都中央卸売市場)

資料2

レタスの生育に適した気温は、15〜20℃である。

資料3　レタス生産のさかんな長野県南牧村と茨城県古河市の月別平均気温

	1月	4月	8月	10月
長野県南牧村	-5.3	5.8	19.5	9.3
茨城県古河市	3.6	13.5	26.8	17.2

(単位：℃)　　　　　　　　(気象庁)

A (例)夏の涼しい気候を利用して、茨城県産の出荷量が少ない時期に多く出荷している。

解説 出荷時期が長野県と茨城県で異なるのは、レタスの生産に適する気温の時期が、両県で異なっていることに関係していることがわかる。

5　関東地方

重要度
□□□

関東地方の自然

□ 1 地図中のAは【越後山脈　関東山地】である。

□ 2 冬に1をこえて、関東地方に吹く乾燥した風を【からっ風　偏西風】という。

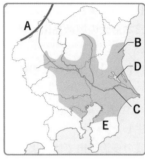

□ 3 地図中のBの、面積が日本最大の平野を何というか。

□ 4 3を流れる、地図中のCの流域面積が日本一の川を何というか。

□ 5 3は火山灰が積もってできた赤土の【　　】に覆われている。

□ 6 地図中のDは【浜名湖　霞ケ浦】で、日本第2位の広さである。

□ 7 地図中のEの半島を何というか。

□ 8 東京などで見られる、都市の中心部の気温が郊外の気温よりも高くなる現象を何というか。

関東地方の産業など

□ 9 群馬県の嬬恋村では、高原野菜の【ピーマン　キャベツ】の栽培がさかんである。

□ 10 埼玉、茨城、千葉の各県では、大都市向けに農産物をつくる【　　】農業が行われている。

□ 11 東京都・神奈川県・埼玉県に広がる工業地帯を何というか。

□ 12 東京都は、情報や文化の発信地であることから、【印刷業　自動車工業】の割合が高い。

---

1 越後山脈
[注意] 関東山地は群馬県・埼玉県の西部にある。

2 からっ風
[解説] 冬の北西季節風のため、乾燥した風となる。

3 関東平野

4 利根川
[解説] 河口には水揚げ量の多い銚子港がある。

5 関東ローム
[解説] 富士山や浅間山などの噴火による火山灰が積もってできた赤土。

6 霞ケ浦

7 房総半島

8 ヒートアイランド現象

9 キャベツ

10 近郊
[解説] 埼玉県はねぎ、ほうれんそう、茨城県ははくさい、千葉県はだいこんの生産量が多い。栃木県のいちごも有名。

11 京浜工業地帯

12 印刷業
[解説] 新聞社・出版社のほか、テレビ局も多い。

13 千葉県の東京湾岸には、埋め立て地を中心とした【　】工業地域が広がる。

14 右のグラフは、13工業地域の出荷額割合を示したもので、最も割合の大きいXは、【金属　化学】工業である。

出荷額13兆968億円					繊維0.2
X 39.9%	Y 23.6	機械 11.2	食料品 14.9	その他 10.2	

(2021年)　(2024年版「データでみる県勢」)

15 東京都は、政治や経済の中枢機能が集中している日本の【　】である。

16 東京都の千代田区などを都心というのに対して、新宿区や渋谷区などを何というか。

17 東京の中心部は、郊外から通勤・通学をする人々が多く、①【　】人口より②【　】人口が多い。

18 東京都へ人口や政治機能などが過度に集中し、他地域との格差が広がる状態を何というか。

19 東京大都市圏には、【　】・川崎市・相模原市・さいたま市・千葉市の政令指定都市がある。

20 日本最大の貿易額を誇る港は【東京国際空港　成田国際空港】である。

地理
歴史
公民

13 京葉

14 化学
解説 Yは金属工業。

15 首都

16 副都心

17 ① 夜間
　② 昼間

18 一極集中
解説 地方の人材や物資が減り、地方の活力が失われるおそれがある。

19 横浜市
解説 横浜市・川崎市・相模原市は神奈川県にある。

20 成田国際空港
解説 輸出入額ともに日本一である(2021年)。

記述力アップ！

Q 群馬県沼田市産の一部のレタスは、明け方の3時ごろから収穫し、大田市場に向けて出荷され、その日の午後には店頭に並べられる。このような出荷、販売が可能となる理由の1つとして考えられることを、右の資料から読み取れることをもとに、「短縮」の語句を用いて、簡潔に答えなさい。

[長野]

A （例）高速道路を利用することで、レタスを輸送する時間を短縮できるから。

解説 高速道路を利用すると、移動時間が一般道路の利用の半分であることがわかる。

資料

沼田市から大田市場まで約170km
高速道路　約150分
一般道路　約300分

（国土地理院資料などから作成）

月　　日

6 東北地方

重要度

東北地方の自然

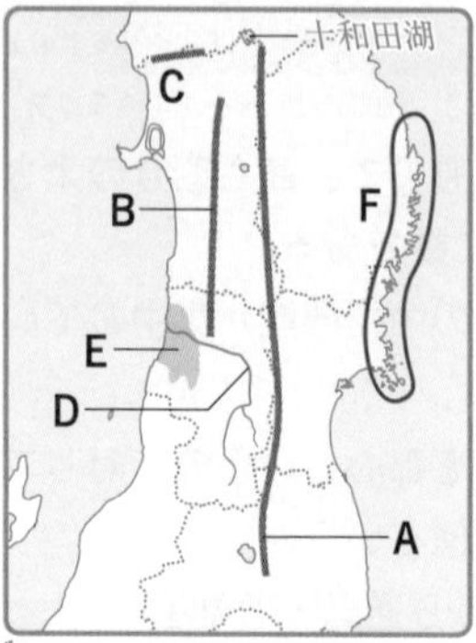

□ 1 地図中のAの山脈を何というか。

□ 2 地図中のBの山地を何というか。

□ 3 地図中のCは、世界自然遺産に登録されている【　　】である。

□ 4 地図中のDは【最上川　北上川】である。

□ 5 地図中のEは、米の栽培がさかんな【秋田平野　庄内平野】である。

□ 6 地図中のFの、リアス海岸が続く海岸を何というか。

□ 7 地図中の十和田湖は、火山の噴火でできたくぼ地に水がたまった【カルデラ　カルスト】湖である。

★□ 8 東北地方の太平洋側に初夏から夏に吹き、低温や日照不足をもたらし、冷害の原因となる北東の風を何というか。

東北地方の産業など

★□ 9 青森県の津軽平野では【　　】の生産量が長野県よりも多く日本一である。

□10 秋田県の八郎潟などでは、米が余ったことにより、【　　】政策が行われてきた。

□11 山形県が全国生産量の約70%を占める果実は【日本なし　さくらんぼ】である。

★□12 岩手県の沖合は、暖流と寒流がぶつかる【　　】があり、好漁場となっている。

---

1 奥羽山脈

2 出羽山地

注意 奥羽山脈の東側には北上高地がある。

3 白神山地

解説 ぶなの原生林が残る。

4 最上川

5 庄内平野

解説 東北地方有数の水田単作地帯である。

6 三陸海岸

解説 沿岸部は東日本大震災で津波による大きな被害を受けた。

7 カルデラ

解説 カルストは石灰岩が雨で侵食されてできた地形。

8 やませ

解説 親潮（千島海流）の上を吹く、冷たく湿った北東の風。

9 りんご

10 減　反

解説 2018年度に廃止された。

11 さくらんぼ

解説 おうとうともいう。

12 潮目（潮境）

13 宮城県は、【ぶり　かき】の養殖量が広島県に次いで多い。

14 東北自動車道沿いを中心に、計画的に工場を集中させた【　　】がつくられた。

15 岩手県盛岡市などで生産されている、右の写真の伝統的工芸品を何というか。

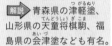

16 青森ねぶた祭、【　　】竿燈まつり、仙台七夕まつりの３つを総称して東北三大祭りという。

17 東北地方で唯一の政令指定都市はどこか。

18 東北地方で最も人口が多い県は何県か。

19 東北新幹線からは、【　　】新幹線と秋田新幹線が分かれてのびている。

20 2011年の東日本大震災で福島県沿岸の【火力　原子力】発電所は大きな被害を受けた。

13 かき

14 工業団地

15 南部鉄器
解説 青森県の津軽塗、山形県の天童将棋駒、福島県の会津塗なども有名。

16 秋田

17 仙台市

18 宮城県

19 山形

20 原子力
解説 津波による事故がおこり、大量の放射性物質が広範囲に拡散した。

✎ 記述力アップ！

Q 資料１は青森県八戸市の月別日照時間、資料２は同市の月別平均気温を表したものである。1993年に同市で米の収穫量が大きく減少した理由を、２つの資料から読み取り、答えなさい。　　　　　　　　　　　　　　　　　　[和歌山]

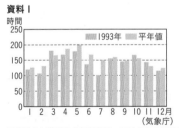

資料１
時間
250
200
150
100
50
0
■1993年　■平年値
1 2 3 4 5 6 7 8 9 10 11 12月
（気象庁）

資料２
℃
25
20
15
10
5
0
-5
平年値
1993年
1 2 3 4 5 6 7 8 9 10 11 12月
（気象庁）

※資料１と資料２の平年値は、1991年から2020年の観測値の平均である。

A （例）平年より夏の日照時間が短く、気温が低かったため。

解説 1993年はやませの影響が大きく、資料１から日照時間が短いこと、資料２から気温が低いことがわかる。米の生育には夏の日照時間と気温が特に重要である。

7 北海道地方

北海道地方の自然

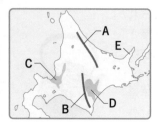

□ 1 地図中の **A** の山地を何というか。

□ 2 地図中の **B** の山脈を何というか。

□ 3 地図中の **C** の平野を何というか。

□ 4 地図中の **D** の平野を何というか。

★□ 5 地図中の **E** の半島を何というか。

□ 6 釧路湿原は、水鳥の生息地である湿地の保護を目的とする【　　】条約に登録されている。

□ 7 オホーツク海では春先に【フェーン現象　流氷】が見られる。

★□ 8 北方領土の 4 島は、択捉島、【　　】、歯舞群島、色丹島である。

□ 9 北海道は【　　】に属しており、冬は長くて寒さが厳しい。

□10 北海道の太平洋側は夏に【　　】が発生して気温が下がり、冷害がおこることがある。

北海道地方の産業など

□11 3 は【泥炭地　シラス】で農業に適さなかったが、客土により日本有数の稲作地帯となった。

□12 熱帯性の稲を、北海道など寒い地域でも育つようにつくりかえる【品種改良　園芸農業】が行われた。

★□13 火山灰が積もってできた 4 では、【じゃがいも　さつまいも】やてんさいの生産がさかんである。

□14 4 では、耕地を区切り、年ごとに栽培する農作物を変える【輪作　転作】が行われている。

---

1 **北見山地**

2 **日高山脈**

3 **石狩平野**
解説 上川盆地とともに北海道有数の稲作地帯。

4 **十勝平野**
解説 大規模な畑作地である。

5 **知床半島**
解説 知床は世界自然遺産に登録されている。

6 **ラムサール**

7 **流氷**

8 **国後島**

9 **冷帯(亜寒帯)**

10 **濃霧**

11 **泥炭地**
解説 客土とは、稲作に適した土をほかの場所から運び入れること。

12 **品種改良**
解説 園芸農業は野菜や草花を栽培すること。

13 **じゃがいも**
解説 小麦・あずき・にんじん・たまねぎ・かぼちゃなどの生産も多い。

14 **輪作**

15 北海道東部の酪農(らくのう)がさかんな台地を何というか。

16 右のグラフは、【肉牛 乳牛】の道県別飼育割合を示している。

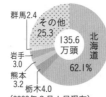

群馬2.4
その他
25.3
北海道
135.6
万頭
62.1%
岩手
3.0
熊本
3.2
栃木4.0
(2023年2月1日現在)
(2024年版「データでみる県勢」)

17 遠洋漁業のうちオホーツク海などで行われる漁業を【　】漁業という。

18 北海道の道庁所在地はどこか。

19 北海道とその周辺地域に住み、独自の文化や言語をもつ先住民族を何というか。

20 明治時代に北海道には①【　】という役所が設けられ、北方を警備するための兵士と農家の役割をもつ②【　】が置かれた。

21 北海道と青森県は【　】トンネルで結ばれている。

22 道路の下に温水パイプなどを設置し、雪をとかすしくみを何というか。

23 農山村に滞在(たいざい)し、自然や人と交流を行うのが【グリーンツーリズム エコツーリズム】である。

地理

歴史

公民

15 根釧台地(こんせん)

16 乳牛

注意 肉牛の飼育頭数も北海道が日本最大で、次いで鹿児島県である。

17 北洋

解説 排他的経済水域の設定により衰退した。

18 札幌市(さっぽろ)

19 アイヌ民族

20 ① 開拓使(かいたくし)
　 ② 屯田兵(とんでんぺい)

21 青函(せいかん)

22 ロードヒーティング

23 グリーンツーリズム

注意 エコツーリズムは、自然環境(かんきょう)や歴史、文化などを体験しながら学ぶ観光の方法。

✏ 記述力アップ！

Q 資料1は、2018年の畑作の農家一戸あたりの耕地面積について北海道と全国平均を示したものである。また、資料2は、北海道の農作物の収穫(かく)のようすを表したものである。2つの資料からわかる北海道の畑作の特徴(とくちょう)を簡潔に答えなさい。　[岩手]

資料1

北海道	
全国平均	

0　5　10　15　20　25万m²
(農林水産省)

資料2

A (例)農家一戸あたりの耕地面積が広く、大型の農業機械を使っている。

解説 資料1から耕地面積が広大であるため、資料2のような大型機械を使って農業を効率よく行っていることがわかる。

図表でチェック

> 問題 → 図や表を見て、＿＿部にあてはまる語句や数値を答えなさい。

1 世界地図

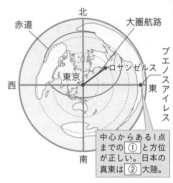

中心からある1点までの①と方位が正しい。日本の真東は②大陸。

□(1) 右の地図は、中心からの ①**距離** と方位を正しく表した図法で描かれたものである。図の中心とある地点を結んだ直線が、中心からの正しい方位と最短コース(大圏航路)を表す。

□(2) 日本の真東にあるのは ②**南アメリカ** 大陸、真南にあるのは南極大陸とオーストラリア大陸である。

2 世界の地域別人口の変化

□(1) 20世紀後半、③**アジア** と ④**アフリカ** では人口増加が著しい ⑤**人口爆発** がおこった。2023年には世界の人口は80億人をこえた。

□(2) 発展途上国の多産多死の人口ピラミッドは ⑥**富士山型** となる。

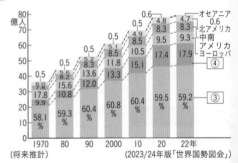

(2023/24年版「世界国勢図会」)

3 日本の領域

□(1) 北方領土の1つである ⑦**択捉島** は日本最北端の島で、現在はロシアが不法占拠している。

□(2) ⑧**沖ノ鳥島** は日本最南端の島である。この島が水没してしまうと、約40万km²の ⑨**排他的経済水域** が失われるため、日本政府は巨額の費用をかけて護岸工事を行った。

4 世界の気候

(1) ⑩熱帯 は、赤道付近に分布し、熱帯雨林気候とサバナ気候からなる。

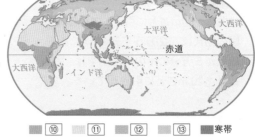

(2) ⑪乾燥帯 は、砂漠気候とステップ気候からなる。

(3) ⑫温帯 は、四季の変化があり、温暖湿潤気候、地中海性気候、西岸海洋性気候からなる。

(4) ⑬冷帯（亜寒帯） は北半球の高緯度にのみ分布する。

5 世界の農業

(1) ⑭地中海式 農業は、夏にぶどうやオリーブ、冬に小麦などを栽培する。

(2) ⑮混合 農業は、食用作物・飼料作物の栽培と、牛・豚などの家畜の飼育を行う。

6 世界の鉱工業

(1) ■は ⑯石炭 で、中国が世界の半分を産出。▲は ⑰鉄鉱石 。

(2) インドのベンガルールで ⑱情報通信技術（ICT） 産業が発展。

(3) 中国は沿岸部に ⑲経済特区 を設け、1990年代から急速に経済成長し、「世界の工場」と呼ばれるようになった。

7 等高線と縮尺

□(1) 主曲線が10mごとに引かれている地形
図の縮尺は ⑳ **2万5千分の1** である。

□(2) 縮尺が5万分の1の地形図では、主曲
線は ㉑ **20** mごとに引かれている。

等高線の種類	⑳	5万分の1
主曲線 ——	10mごと	㉑ mごと
計曲線 ——	50mごと	100mごと

8 世界の地形

□(1) ㉒ **環太平洋** 造山帯は、
太平洋を取り巻くよ
うに連なり、㉓ **アルプ
ス-ヒマラヤ** 造山帯
は、ユーラシア大陸
の南部を東西に連な
る。どちらの造山帯
も火山活動が活発で、
地震も多い。

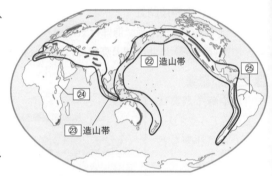

□(2) 世界最長の河川の ㉔ **ナイル川** の河口には広大な三角州が形成されてい
る。流域面積が世界最大の河川は ㉕ **アマゾン川** で、河口付近には赤道
が通り、流域にはセルバと呼ばれる熱帯雨林が広がる。

9 日本の地形

□(1) 日本列島は ㉖ **フォッサマ
グナ** と呼ばれる溝状の地
形によって、東日本と西
日本に分けられる。

□(2) 飛驒山脈・木曽山脈・赤
石山脈は「㉗ **日本アルプ
ス** 」または、「日本の屋根」
と呼ばれる。

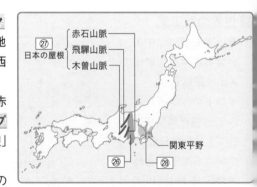

□(3) 流域面積が日本で最大の
㉘ **利根川** の流域には、日本で面積が最大である関東平野が広がる。

❿ 日本の気候

(1) 日本海側は冬に ㉙**北西** の季節
風の影響を受け、雪や雨が多い。

(2) 太平洋側は夏に ㉚**南東** の季節
風の影響を受け、降水量が多い。

(3) ㉛**内陸（中央高地）** は夏と冬の気
温差が大きく、1 年を通して降
水量が少ない。

(4) 瀬戸内は中国山地と ㉜**四国山地**
に挟まれているため季節風の影
響を受けにくく、1 年を通して降水量が少ない。

北海道の気候

㉙ の季節風

日本海側の気候
瀬戸内の気候

太平洋側の気候

㉛ の気候

南西諸島の気候

㉜   ㉚ の季節風

⓫ 日本の地方別農業生産額

(1) 東北と北陸は、水田
単作地帯であり、㉝**米**
の生産割合が大きい。

(2) 関東・東山は近郊農
業や高冷地農業によ
り、㉞**野菜** の生産割
合が大きい。

(3) 根釧台地やシラス台
地では、㉟**畜産** がさかんである。

	㉝	㉞		㉟		その他
北海道	7.9%	16.0		58.4		17.7
東北	26.7%		18.0	34.0		21.3
北陸	55.8%				14.7	19.8 / 9.7
関東・東山※	12.3%	34.7		29.7		23.3
九州・沖縄	7.8%	22.6		48.7		20.9

(2021年)　※山梨県・長野県。　（2023/24年版「日本国勢図会」など）

⓬ 日本の漁業

(1) ㊱**遠洋漁業** は1973年の石油
危機による原油価格の上昇
や、排他的経済水域の設定
で漁場が制限されたため、
漁獲量が大幅に減った。

(2) 陸地から離れた沖で数日か
けて行う ㊲**沖合漁業** 。

(3) 小型の船を使い、日帰りで行う ㊳**沿岸漁業** 。

(4) 人工的にふ化させた稚魚などを育てて出荷する海面 ㊴**養殖** 業。

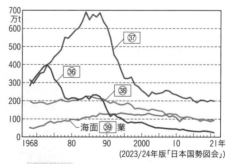

（2023/24年版「日本国勢図会」）

🔢 三大工業地帯

□(1) ㊵**太平洋ベルト** は、関東地方から九州地方北部にかけて続く工業地帯・工業地域のことである。

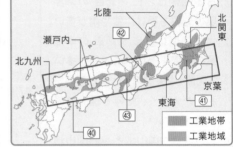

□(2) ㊶**京浜** 工業地帯に含まれる東京都は、印刷業がさかんである。

□(3) ㊷**中京** 工業地帯は自動車工業を中心とする機械工業がさかんで、工業出荷額は日本最大である。

□(4) ㊸**阪神** 工業地帯は、内陸部を中心に中小工場が多い。

🔢 日本の貿易

□(1) 輸出の中心は、1960年は㊹**繊維品**、2021年は機械類に次いで㊺**自動車** である。

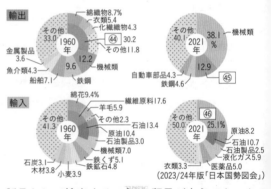

□(2) 輸入の中心は、1960年は繊維原料で、2021年は㊻**機械類** である。

□(3) 1960年代は、原料を輸入し、それをもとに製品として輸出する㊼**加工** 貿易が中心であった。

(2023/24年版「日本国勢図会」)

🔢 日本の国内輸送

□(1) 旅客輸送の中心は、かつては㊽**鉄道** であったが、今日では㊾**自動車** による輸送が最も多い。

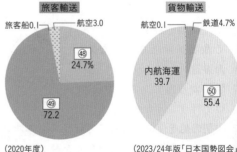

□(2) 貨物輸送は、今日では㊿**自動車**、内航海運の順に多い。

(2020年度)　(2023/24年版「日本国勢図会」)

歴史
HISTORY

1 人類の出現と古代文明

重要度
□□□

人類の出現

□1 アフリカに出現した、直立歩行する最も古い人類を【猿人　原人】という。

□2 石を打ち欠いてつくられた、右の写真の石器の種類を何というか。

□3 20万年ほど前に現れた、現在の人類の直接の祖先にあたる人類を何というか。

□4 2を使い、狩りや採集を行っていた時代を何というか。

□5 農耕や牧畜が行われるようになった新石器時代に、新たにつくられるようになった石器の種類を何というか。

古代文明

□6 農耕や牧畜が発達し、国ができるようになると、祭器や武器として使われる【　　】や鉄器がつくられるようになった。

□7 エジプト文明は【　　】川の流域で発達した。

□8 7川の氾濫の時期を知るために天文学が発達し、【太陽暦　太陰暦】がつくられた。

□9 メソポタミア文明で使用された文字を何というか。

□10 メソポタミア文明が発祥したのはどこか。地図中のア～エから1つ選べ。

■ 文明の中心地域

---

1 猿人

2 打製石器 ◀
解説 原人が打製石器をつくりはじめた。

3 新人
（ホモ＝サピエンス）

4 旧石器時代
注意

5 磨製石器 ◀

6 青銅器

7 ナイル

8 太陽暦
注意 太陰暦はメソポタミア文明で用いられた。

9 くさび形文字

10 イ
解説 ティグリス川・ユーフラテス川の流域に発生した。

11 紀元前16世紀ごろに、黄河（ホワンホー）流域に【　　】という国がおこった。

12 中国文明で使用された、漢字のもととなった文字を何というか。

13 紀元前6世紀ごろ孔子が説いた教えを何というか。

14 紀元前3世紀に中国を統一した秦の王はだれか。

15 秦の滅亡後、【　　】が朝鮮や中央アジアにまで支配を広げ、大帝国を築いた。

16 中国とその西方を結ぶ陸の交通路を【　　】という。

17 紀元前8世紀ごろ、ギリシャ人がつくったアテネやスパルタなどの都市国家を何というか。

18 紀元前4世紀、ギリシャやペルシャを征服し、大帝国を築いたのはだれか。

19 紀元前1世紀に帝政に変わり、地中海沿岸からヨーロッパ北部までを支配した国を何というか。

20 紀元前6世紀ごろにインドで生まれ、仏教を開いたのはだれか。

21 紀元前後にパレスチナ地方に生まれ、キリスト教をおこしたのはだれか。

22 6世紀にアラビア半島に生まれ、イスラム教をおこしたのはだれか。

11 殷（いん）

12 甲骨文字（こうこつもじ）

13 儒学（儒教）（じゅがく）

14 始皇帝（しこうてい）
解説 戦乱が続く春秋・戦国時代を経て、秦の王が初めて中国を統一し、「皇帝」を名乗った。

15 漢（前漢）（かん）

16 シルクロード（絹の道）

17 ポリス

18 アレクサンドロス大王

19 ローマ帝国

20 シャカ（釈迦）

21 イエス

22 ムハンマド

💡 **思考力アップ！**

Q 紀元前に王や皇帝によって統治されていた国家として適当でないものを次から1つ選びなさい。　　　[大分]

ア 紀元前3000年ごろのエジプト　　イ 紀元前5世紀ごろのギリシャ

ウ 紀元前3世紀ごろの秦　　エ 紀元前1世紀ごろのローマ帝国

A イ

解説 ギリシャでは、紀元前8世紀ごろからアテネやスパルタのようなポリス（都市国家）が各地に生まれた。アテネでは紀元前5世紀に、すべての成人男子が出席する民会で多数決によって重要事項を決定する民主政が行われた。ローマは紀元前6世紀に貴族が率いる共和政になったが、紀元前1世紀に皇帝が支配する帝政に移行した。

2　日本の成り立ち

日本の原始時代

□1　打製石器が出土し、日本にも旧石器時代の存在が確認された群馬県の遺跡を何というか。

□2　狩りや採集の生活の時代につくられるようになった土器を何というか。

□3　縄文時代に安産や豊かな収穫を祈ってつくられたと思われる土製の人形を【埴輪　土偶】という。

□4　縄文時代の人々が食べた貝の殻などが積もってできた遺跡を何というか。

□5　縄文時代の人々の住居を何というか。

□6　稲作が九州地方に伝えられ、東日本にまで広がったのは【　　】時代である。

□7　6時代、収穫した稲を保管するための建物を何というか。

□8　金属器のうち【青銅器　鉄器】はおもに神に祈る道具として使われた。

□9　江戸時代に志賀島から発見された右の金印について記されている歴史書は『【漢書　後漢書　魏志】』である。

□10　3世紀の日本で、30余りの小国を従えた国を何というか。

□11　10の女王【　　】は魏の皇帝に使いを送り、「親魏倭王」の称号や銅鏡100枚などを授けられた。

大王の出現

□12　3世紀の後半、奈良盆地を中心とした地域に、【　　】という強大な勢力が出現した。

□13　大王や豪族の墓を【　　】といい、大和や河内に規模の大きなものが集中している。

1　岩宿遺跡

2　縄文土器
　解説　黒褐色をし、厚手でもろいのが特徴。

3　土偶
　注意　埴輪と混同しない。

4　貝塚

5　たて穴住居

6　弥生

7　高床倉庫

8　青銅器
　解説　鉄器は武器や工具として使われた。

9　後漢書

10　邪馬台国
　解説　『魏志』倭人伝に記述が見られる。

11　卑弥呼
　解説　まじないによる政治を行っていた。

12　大和政権
　　（ヤマト王権）

13　古墳

14 13の上や周りに並べられた土製の焼き物を【埴輪 土偶】という。

15 13のうち、日本で最大のものを何というか。

16 15のような、特に巨大な古墳に見られる形を何というか。

17 右は5世紀の朝鮮半島の地図である。12が地図中のAやCと戦ったことが記された石碑を何というか。

18 地図中のBの国を何というか。

19 戦乱を避けて、大陸から一族で移住してきた人々を何というか。

20 朝鮮半島から伝えられた技術によってつくられた、高温で焼かれたかたい土器を何というか。

地理 歴史 公民

14 埴輪
[注意] 土偶と混同しない。

15 大仙古墳
（仁徳陵古墳）

16 前方後円墳

17 好太王碑
（広開土王碑）

18 百済（ペクチェ）
[解説] Aは高句麗、Cは新羅（シルラ）、Dは伽耶（任那）（イムナ）。

19 渡来人

20 須恵器

記述力アップ！

Q 図は3世紀と5世紀における前方後円墳の分布図、資料は5世紀の古墳から出土した鉄剣に関する記述である。大和政権の勢力範囲が3世紀から5世紀にかけてどのように変化したと考えられるか。簡潔に答えなさい。　　　　　[栃木]

図

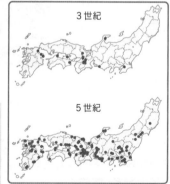

資料

　5世紀ごろつくられた稲荷山古墳（埼玉県）から出土した鉄剣には「獲加多支鹵大王」と刻まれていた。また、江田船山古墳（熊本県）でも同様の文字が刻まれた鉄刀が出土した。

A （例）3世紀には勢力範囲は近畿地方を中心とした西日本に限られていたが、5世紀になると九州地方から東北地方南部にまで勢力が拡大したと考えられる。

解答 前方後円墳の広がりは、大和政権がその地の豪族に古墳をつくることを許可したからだと考えられている。また、鉄剣や鉄刀には大王に仕えたことが記されている。

3 律令国家へのあゆみ

聖徳太子の政治改革

□ 1 聖徳太子(厩戸皇子)は朝廷内でどのような役職について政治改革を行ったか。

□ 2 1は、天皇が幼少や【　　】のときに政治の補佐をする役職である。

□ 3 聖徳太子に協力した豪族は、【大伴氏　蘇我氏】である。

★ 4 家柄にとらわれず、才能のある人物を役人に取り立てるために、聖徳太子が定めた制度は何か。

★ 5 聖徳太子は仏教や儒教の考えを取り入れ、役人の心得などを示した【　　】を定めた。

□ 6 聖徳太子は小野妹子を【　　】として中国に派遣した。

□ 7 聖徳太子が政治を行った時代を中心に栄えた文化を何というか。

★ 8 右の写真は、現存する世界最古の木造建築物の【法隆寺　唐招提寺】である。

6・7世紀の東アジア

□ 9 6世紀末、【　　】が南北朝を統一し、大帝国をつくりあげた。

□ 10 7世紀初め、9が滅び、【　　】が建国された。

□ 11 7世紀後半、朝鮮半島を統一した国はどこか。

律令国家へのあゆみ

□ 12 645年、【　　】が中臣鎌足らと、蘇我氏を滅ぼした。

★ 13 12が中臣鎌足や中国から帰国した留学生・留学僧らとともに取り組んだ政治改革を何というか。

---

1 摂政
解説 推古天皇の摂政となった。

2 女性

3 蘇我氏
解説 蘇我氏は渡来人と結びつき、勢力をのばした。

4 冠位十二階
解説 冠の色で地位を区別した。

5 十七条の憲法

6 遣隋使

7 飛鳥文化

8 法隆寺
解説 7世紀初めに聖徳太子が建立した。世界文化遺産に登録されている。

9 隋

10 唐

11 新羅

12 中大兄皇子

13 大化の改新

□14 13において、政治の中心が【飛鳥 難波】に移された。

□15 天皇や豪族が所有していた土地と人々を、国家の直接支配下に置く制度を何というか。

□16 日本で初めて定められた元号は【　　】である。

□17 663年の【　　】の敗北後、大津宮に都が移された。

□18 12は大津宮で即位して【天武天皇 天智天皇】となった。

□19 18は中臣鎌足に【　　】の姓を授けた。

□20 18の没後、子の大友皇子と弟の大海人皇子の間で皇位をめぐって【　　】がおきた。

□21 20に勝利した大海人皇子は、即位して【天武天皇 天智天皇】となった。

□22 21の皇后だった持統天皇のとき、日本初の本格的な都である【　　】が完成した。

□23 701年、初の本格的な律令である【　　】が制定された。

□24 政治を行ううえでのさまざまなきまりは、律令の【律 令】にあたる。

□25 地方は国・郡・里に分けられ、国には都から【　　】が派遣された。

14 難 波
解説 654年、孝徳天皇が没すると政治の中心は飛鳥に戻った。

15 公地公民

16 大 化

17 白村江の戦い

18 天智天皇 ←

19 藤 原

20 壬申の乱 　注意

21 天武天皇 ←

22 藤原京

23 大宝律令

24 令
注意 律は刑罰のきまり。

25 国 司

💡 思考力アップ！

Q 日本は663年、地図のXの復興を助けるために、唐と地図のYの連合軍と白村江で戦った。X・Yの国を次からそれぞれ1つ選びなさい。　[岐阜]

ア 伽耶(任那)　　イ 高麗(コリョ)
ウ 百済(ペクチェ)　エ 新羅(シルラ)

地図　7世紀半ばの東アジア

A X ウ　　Y エ

解説 白村江の戦いで日本は大敗し、中大兄皇子は唐・新羅連合軍の襲来に備えて西日本各地に山城を築くなど、防備を固めた。

4 平城京と天平文化

重要度 ▢▢▢

奈良の都と律令政治

□ 1 平城京の手本となった唐の都を何というか。

□ 2 708年に鋳造された、初の本格的な流通貨幣を何というか。

□ 3 唐の均田制を手本とした、戸籍にもとづく土地制度を何というか。

□ 4 3では、性別や身分に応じて【　】が与えられた。

□ 5 4の面積に応じて、収穫量の約3％の稲を納める税を何というか。

□ 6 成人男子は、地方の特産物を【調　庸】として都に納めなければならなかった。

□ 7 6の荷札などに使用された、右のような木の札を何というか。

□ 8 兵士の中から3年間九州北部の防衛にあたる【　】が選ばれた。

□ 9 九州に置かれた、外交や防衛にあたる役所を何というか。

□ 10 4が不足し、743年には土地の私有を認める【　】という法令が定められた。

□ 11 10によって開墾された、貴族や寺院の私有地はのちに【　】と呼ばれた。

奈良時代の仏教と文化

□ 12 奈良時代の文化を何というか。

□ 13 12の文化名は【　】天皇のころの元号にちなんでいる。

□ 14 13天皇が国ごとにつくらせた寺院を何というか。

□ 15 民衆に仏教を布教し、人々に慕われた【　】は東大寺の大仏造立に協力した。

1 長安
2 和同開珎

解説 日本で最初の貨幣は富本銭と考えられているが、どの程度流通したかは不明である。

3 班田収授法
4 口分田
5 租
6 調

注意 庸は労役のかわりに布を納める税。どちらも成人男子に課せられ、都に納めた。

7 木簡
8 防人
9 大宰府
10 墾田永年私財法
11 荘園
12 天平文化
13 聖武
14 国分寺(国分尼寺)
15 行基

70

16 校倉造でつ
くられた、
右の東大寺
の建造物を
何というか。

16 正倉院

17 16に納められた宝物の中には、【　】を通って
西アジアやインドから伝わったものも見られる。

17 シルクロード
（絹の道）

18 17を通って伝わった宝物は【　】によって日
本にもたらされたと考えられる。

18 遣唐使

19 来日しようとして何度も遭難し、盲目になりな
がらも戒律を伝えた唐の高僧はだれか。

19 鑑真
解説 平城京に唐招提寺
を建立した。

20 天皇が国を治める由来を説明するためにつくら
れた歴史書を２冊答えよ。

20 古事記・日本書紀
注意 「記」「紀」の字を間
違えない。

21 産物や地名の由来、伝承などを国ごとにまとめ
た書物を何というか。

21 風土記

22『【　】』には、天皇や貴族だけではなく 8 や農
民の歌も収められている。

22 万葉集

23 22は、日本語の音を漢字で表した【　】に
よって書かれている。

23 万葉がな

💡 **思考力アップ！**

Q 右の**資料**は 8 世紀初めの戸籍である。こ
の戸籍に記載されている人のうち、租を
負担する対象となったのは何人か。次か
ら１つ選びなさい。　　　　　　　　［長野］

ア 1人　**イ** 2人　**ウ** 3人　**エ** 4人

資料

筑前国*	嶋郡川辺里	大宝二年籍
戸主	肥君猪手	年伍拾参歳（53歳）
妻	智多奈売	年伍拾弐歳（52歳）
男	肥君与呂志願	年弐拾玖歳（29歳）
婦	肥君方名売	年弐拾伍歳（25歳）
孫（女）	肥君阿泥売	年肆歳（4歳）

＊筑前国は現在の福岡県の一部。（「正倉院文書」など）

A エ

解説 班田収授法では、戸籍にもとづいて 6 歳
以上の男女に口分田が与えられた。**資料**の戸籍では 4 歳の孫は口分田の給付を受け
ていない。稲（収穫量の約 3 ％）を納める租は税負担としては重くなかったが、戸籍
にもとづき男子には調や庸、労役や兵役が課されたため、戸籍の性別を偽る者が増
えていった。

5　平安京と貴族の政治、国風文化

重要度
□□□

平安京と藤原氏の政治

□ 1　平城京から【藤原京　長岡京】に都が移された。

□ 2　1や平安京に都を移した天皇はだれか。

□ 3　平安時代初期、朝廷に従おうとしない東北地方の人々は何と呼ばれたか。

□ 4　3を征討するために、坂上田村麻呂は【　　】に任命された。

□ 5　唐から帰国後、天台宗を開いたのは【最澄　空海】である。

□ 6　5は比叡山に【　　】を建てた。

□ 7　唐から帰国後、真言宗を開いたのは【最澄　空海】である。

★ 8　遣唐使に任じられた【　　】は、唐の衰えと航海の危険を理由に派遣の停止を進言した。

★ 9　「この世をば　わが世とぞ思う　望月の　欠けたることも　なしと思えば」の和歌をよんだ、藤原氏最盛期を築いた人物はだれか。

□10　藤原氏は、天皇が幼いときはその政治を代行する【摂政　関白】という職についた。

□11　藤原氏は、天皇が成人したのちは、天皇を補佐する【摂政　関白】という職についた。

★12　藤原氏が10や11として実権を握った政治形態を何というか。

□13　12が行われたころ、地方の政治はほとんど【　　】に任されていた。

平安時代の文化

□14　9世紀末ごろから発達した、日本の風土やくらし、日本人の好みに合った文化を何というか。

□15　平安時代の貴族の邸宅の建築様式を何というか。

1　長岡京

2　桓武天皇

3　蝦夷

4　征夷大将軍

5　最澄 ←
　　　　　　　　注意
6　延暦寺

7　空海 ←
　解説　高野山に金剛峯寺を建てた。

8　菅原道真
　解説　藤原氏の陰謀で失脚した。

9　藤原道長
　解説　自分の人生は満月のように欠けたところがないとよんだ。

10　摂政 ←
11　関白 ←
　　　　　　　　注意
12　摂関政治

13　国司

14　国風文化

15　寝殿造

☐16 漢字を変形させた【　　】がつくられて、豊かな
感情表現ができるようになった。

16 かな文字

☐17 『源氏物語』を著した女性はだれか。

17 紫式部

☐18 『枕草子』を著した女性はだれか。

18 清少納言

☐19 醍醐天皇の命で紀貫之が編集した歌集『【　　】』
にも16が使われていた。

19 古今和歌集

注意

☐20 日本の風景や人物を柔らかな線と上品な色彩で
描いた日本風の絵画を何というか。

20 大和絵

☐21 阿弥陀仏にすがって念仏を唱え、極楽浄土に生
まれ変わることを願う【　　】が広まった。

21 浄土信仰

☐22 右の写真の阿
弥陀堂を何と
いうか。

22 平等院鳳凰堂

☐23 22を建立した
のはだれか。

23 藤原頼通

解説 宇治（京都府）に建
立した。

💡 思考力アップ！

Ｑ 右の系図は、11世紀前半から半ば
にかけての時期における、天皇と
藤原氏の関係を示したものであ
る。系図から読み取れることと、
その時期における政治についての
説明として正しいものを次から2
つ選びなさい。　　［神奈川］

系図

```
                                      藤原道長
                    ┌──────────────────┐
     一条天皇 ━━━━━━━━━━━━━━━ 彰子
                    │              │
     三条天皇 ━━━━━━━━━━━━━━━ 妍子    藤原頼通
                    │              │
     後一条天皇 ━━━━━━━━━━━━━ 威子
                    │
     後朱雀天皇 ━━━━━━━━━━━━━ 嬉子   ※□で囲まれた
                    │                    人物は、女性で
     後冷泉天皇                          あることを示す。
```

ア 後一条天皇と威子は姻戚関係
にある。

イ 後一条天皇と後朱雀天皇は親子関係である。

ウ 藤原氏が朝廷の高い官職をほぼ独占し、自分の娘の子を天皇に立てた。

エ 天皇が自らの位を幼少の皇子に譲り、上皇として権力を握った。

Ａ ア・ウ

解説 系図では、二重の横線が夫婦関係、縦線が親子関係を表す。子どもが複数いる場合
は右から順に表す。イの後一条天皇と後朱雀天皇は一条天皇と彰子の子であり、後
一条天皇が兄、後朱雀天皇が弟にあたる。エは院政の説明である。

1 武士の台頭と鎌倉幕府の成立

重要度
□□□

武士の台頭

□1 武士たちが形成した、一族や従者からなるまとまりを何というか。

□2 10世紀中ごろ、平将門が反乱をおこした地域を地図中のア〜エから1つ選べ。

□3 平将門の乱と同時期、瀬戸内地方で周辺の1を率いて反乱をおこしたのはだれか。

□4 11世紀に東北地方で砂金や馬の交易で栄えた一族を何というか。

□5 4が中尊寺金色堂をつくった本拠地はどこか。

□6 1086年、白河天皇は天皇の位を譲ったあとも【　　】として政治の実権を握った。

□7 天皇の位を譲り、6となったのちも実権を握り続ける政治形態を何というか。

□8 1156年におきた、院政の実権をめぐる後白河天皇と崇徳上皇の争いを何というか。

□9 平治の乱に勝利し、1167年に武士として初めて太政大臣に任じられたのはだれか。

□10 9は大輪田泊を修築し、【　　】を活発化させた。

□11 伊豆で平氏打倒の兵を挙げた源氏の棟梁はだれか。

□12 1185年に平氏が滅亡した戦いを何というか。

□13 12で平氏を滅ぼした、11の弟はだれか。

鎌倉幕府の成立

□14 11は13を捕らえることを名目に、次ページの図中A・Bを置くことを朝廷に認めさせた。A・Bの役職をそれぞれ何というか。

1 武士団
2 イ
解説 アは11世紀の前九年合戦・後三年合戦、ウは12世紀の保元の乱・平治の乱、エは10世紀の藤原純友の乱がおこった地域。

3 藤原純友
4 奥州藤原氏
解説 のちに源義経をかくまったとして、源頼朝に滅ぼされた。

5 平泉
6 上皇
7 院政
8 保元の乱
9 平清盛
10 日宋貿易
11 源頼朝
12 壇ノ浦の戦い
13 源義経
14 A 守護
　　B 地頭

□15 11が開いた本格的な武家政権を何というか。

□16 将軍と主従関係を結んだ武士を何というか。

□17 右の図中のXにあてはまる、将軍を補佐する役職を何というか。

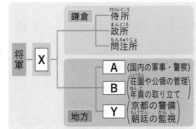

□18 17の役職は【　　】氏が独占した。

□19 源氏の直系が3代で途絶えると、後鳥羽上皇は政治の実権を取り戻すために【　　】をおこした。

□20 幕府側が19に勝利し、後鳥羽上皇は【吉野　隠岐】に流された。

□21 19のあと、図中のYの【　　】が京都に設置された。

□22 1232年、武士の慣習や裁判の基準を示した、初の武家法である【　　】が制定された。

□23 22を制定したのは【北条泰時　北条時政】である。

15 鎌倉幕府

16 御家人

17 執権

解説 将軍の補佐は、室町幕府では管領、江戸幕府では老中が幕府政治を になった。

18 北条

解説 源頼朝の妻である北条政子の一族。

19 承久の乱

20 隠岐

21 六波羅探題

22 御成敗式目（貞永式目）

23 北条泰時

解説 北条時政は北条政子の父で、初代執権。

💡 思考力アップ！

Q 北条政子は後鳥羽上皇が兵を挙げると、鎌倉幕府を守るために御家人たちに結束を呼びかけた。次の**資料**中の◻︎◻︎にあてはまる語を答えなさい。　　　[群馬]

資料 北条政子の訴え

…頼朝公が朝廷の敵を倒し、幕府を開いてから、官位や土地など、その◻︎◻︎は山よりも高く海よりも深い。この◻︎◻︎に報いる心が浅くてよいはずがない。

A 御恩

解説 幕府支配の基盤は、将軍と御家人との主従関係であり、将軍が御家人の領地の支配権を保障し、戦功に応じて新たな領地を与えるのに対し（御恩）、御家人は京都や鎌倉の警備を行い、戦時には一族を率いて命懸けで戦った（奉公）。承久の乱に際し、政子は頼朝の御恩を説き、御家人に奉公を要求していると考えられる。

2　武士・民衆の生活と鎌倉文化

重要度
□□□

武士・民衆の生活

□ 1　鎌倉時代の武士は、おもに【都　農村】に住んでいた。

1　農　村

□ 2　荘園や公領の年貢を取り立てる鎌倉幕府の役職を何というか。

2　地頭

□ 3　鎌倉時代に西日本に広まった、右の図のように牛などを使って田畑を耕すことを何というか。

3　牛馬耕
解説 当時、肥料として草木灰が用いられた。

□ 4　鎌倉時代、近畿地方などに広まった、米の裏作に麦を栽培し、1年に2回収穫する農業を何というか。

4　二毛作

□ 5　鎌倉時代には、月に数回、寺社の門前などで、定められた日に商品を売買する【　　】が開かれるようになった。

5　定期市
解説 鎌倉時代は月に3回開かれる三斎市だった。

鎌倉文化

□ 6　後鳥羽上皇の命令で、藤原定家は『【　　】』という和歌集を編集した。

6　新古今和歌集

□ 7　武士の活躍を描いた軍記物では、「祇園精舎の鐘の声」で始まる『【　　】』が人気を集めた。

7　平家物語

□ 8　7を語り広めた、盲目の芸能者を何というか。

8　琵琶法師

□ 9　鴨長明は随筆『【　　】』で人生の無常を説いた。

9　方丈記

□10　鎌倉時代末期に兼好法師が著した随筆を何というか。

10　徒然草

□11　右の仏像が収められている、鎌倉時代に再建された建築物を何というか。

11　東大寺南大門

□12　右の仏像を何というか。

12　金剛力士像

□13　12をつくった仏師はだれか。

13　運慶(快慶)
解説 仏師の集団によってつくられた。

鎌倉仏教

☐14 平安時代の末期に、浄土宗を開いた僧はだれか。

☐15 14の弟子の親鸞は、阿弥陀仏の救いを信じる心を強調した【　】を広めた。

☐16 念仏の札を配って教えを広める時宗を開いた僧はだれか。

☐17 ①【　】は法華経を重視し、「南無妙法蓮華経」と②【　】を唱えれば、国も人々も救われると説いた。

☐18 座禅を行うことで自己の悟りを開く、自力本願を目ざす仏教を何というか。

☐19 18の一派である臨済宗を宋から伝え、幕府に保護された僧はだれか。

☐20 18の一派である曹洞宗を宋から伝え、永平寺を座禅の道場とした僧はだれか。

14 法然

15 浄土真宗
（一向宗）

16 一遍

17 ① 日蓮
② 題目

解説 日蓮は他宗を厳しく非難し、幕府から弾圧された。

18 禅宗

19 栄西

注意

20 道元

記述力アップ！

Q 図1と図2は鎌倉幕府の御家人大友氏の1240年当時と1333年当時の系図であり、それぞれの年に□で囲んだ人物から□で囲んだ人物に領地が相続されたことを表している。図1の相続方法が御家人の生活を圧迫することにつながった理由を、図2との違いに着目して答えなさい。　　　　［熊本］

図1

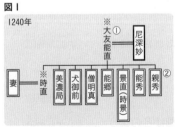

図2

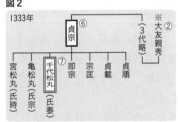

＊図1と図2の○の数字は大友氏の当主となった順番を、※は当時すでに亡くなっていた人物を示している。

A （例）分割相続を行うことで領地が次第に小さくなってしまったため。

解説 図1では「犬御前」「美濃局」などの女性だけでなく、死亡した息子の妻にも相続権があったことに注目したい。鎌倉時代、地頭になる女性も珍しくなかった。

3 元の襲来と鎌倉幕府の滅亡

13世紀の東アジア

□ 1 13世紀初め、モンゴル高原にくらす遊牧民の勢力を統一した人物はだれか。

□ 2 1がつくりあげた国の名を何というか。

★ 3 国号を元とし、中国を支配した2の5代皇帝はだれか。

□ 4 3が首都を移した都市の位置を地図中のア〜エから1つ選べ。

□ 5 4の首都の当時の都市名を何というか。

□ 6 3が従えた地図中のXの国は【新羅　高麗】である。

□ 7 3が滅ぼした中国の王朝を何というか。

□ 8 元を訪れて3に仕え、帰国後に『世界の記述(東方見聞録)』を著したイタリアの商人はだれか。

□ 9 8は『世界の記述』の中で、日本のことを「黄金の国【　　】」としてヨーロッパに紹介した。

元の襲来

★ 10 3が朝貢と服属を日本に求めてきたときの鎌倉幕府の執権はだれか。

□ 11 1274年、元の大軍は九州北部の【　　】湾に上陸した。

□ 12 幕府軍の一騎打ち戦法に対し、元軍はどのような戦法をとっていたか。

★ 13 元軍の1回目の襲来を何というか。

□ 14 幕府は2回目の元軍の襲来に備えて、海岸に【　　】をつくらせた。

1 チンギス=ハン

2 モンゴル帝国

3 フビライ=ハン

4 ア
解説 アは現在の北京、イは唐の都だった長安で現在の西安。

5 大都

6 高麗

7 宋(南宋)

8 マルコ=ポーロ

9 ジパング

10 北条時宗

11 博多

12 集団戦法

13 文永の役
注意 2回目は弘安の役。

14 防塁(石塁)
解説 元軍の上陸を阻むのに成功した。

□15 元軍の２回目の襲来を何というか。

□16 恩賞を求めて鎌倉に出かけ、のちに「蒙古襲来絵詞」を描かせた肥後の御家人はだれか。

□17 鎌倉時代末期には、御家人は【　】相続によって領地が減り、生活が苦しくなっていた。

□18 1297年に幕府が、生活の苦しい御家人の借金を取り消し、領地を取り戻させることを命じた法令を何というか。

□19 鎌倉時代末期に近畿地方を中心に現れた、荘園領主や幕府に従わない武士たちを何というか。

□20【　】天皇は、政治の実権を取り戻そうと鎌倉幕府を倒す戦いをおこした。

□21 20天皇に協力し、幕府を倒す戦いをおこした河内の19はだれか。

□22 20天皇の倒幕計画は失敗し、天皇は【隠岐　吉野】に流されたが、脱出に成功した。

□23 20天皇は鎌倉幕府の有力御家人を味方につけ、倒幕に成功した。20天皇に協力した東国出身の有力御家人を２人答えよ。

□24 鎌倉幕府は何年に滅んだか。

15 弘安の役
　注意　１回目は文永の役。

16 竹崎季長

17 分割

18 （永仁の）徳政令

19 悪党

20 後醍醐

21 楠木正成

22 隠岐
　解説　後鳥羽上皇も承久の乱の敗北後、隠岐に流された。

23 足利尊氏
　新田義貞

24 1333年

📝 記述力アップ！

Q 右の**資料**は、元軍と戦う幕府軍の武士が描かれた絵である。この戦いで幕府軍が元軍に苦戦した理由の１つを、**資料**を参考に、それまで日本の武士の戦いでは見られなかった武器に着目して、簡潔に答えなさい。

[山口]

資料

A （例）火薬兵器（てつはう）を使用したから。

　解説　右が幕府軍の武士、左が元軍の兵士である。中央で爆発している火薬兵器（てつはう）に着目する。馬に乗った武士１人に対し、３人の元軍兵士が矢を射かける集団戦法も見られる。

4 室町幕府の成立と東アジアの情勢

重要度
□□□

南北朝の動乱と室町幕府

- □ 1 後醍醐天皇が始めた天皇中心の政治を何というか。
- □ 2 京都で掲げられた、1 に対する批判の文書を何というか。
- □ 3 武家政治の復活を呼びかけ、京都に幕府を開いたのはだれか。
- □ 4 1 は約【2年半　5年半】しか続かず、失敗に終わった。
- □ 5 後醍醐天皇は新たに【　　】に朝廷を置いた。
- □ 6 京都と 5 の 2 つの朝廷が争った約60年間を、特に何時代というか。
- □ 7 2 つの朝廷の統一を実現させた将軍はだれか。
- □ 8 7 が京都の室町に造営した邸宅は【　　】と呼ばれた。
- □ 9 7 が任じられた、朝廷内の最高の役職を何というか。
- □ 10 右の図中の X にあたる、将軍を補佐する役職を何というか。
- □ 11 図中の Y は、国司の権限を吸収して権限を拡大し、一国を自分の領地とする【　　】に成長した。

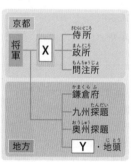

東アジアとの交流

- □ 12 鎌倉時代末～室町時代に朝鮮半島や中国沿岸を襲った武装集団を何というか。
- □ 13 7 は、12 の取り締まりと引きかえに、【宋　明】と貿易を行うことを許可された。

1 建武の新政

2 二条河原落書

3 足利尊氏

4 2年半

5 吉野
解説 吉野に立てた朝廷を南朝という。

6 南北朝時代

7 足利義満

8 花の御所

9 太政大臣

10 管領
注意 鎌倉時代の執権と混同しない。

11 守護大名
解説 図の Y は守護。

12 倭寇

13 明
解説 明は室町幕府に倭寇の取り締まりを求め、それと引きかえに貿易を許可した。

□14 13との貿易で、正式な貿易船であることを証明するために13から与えられた通交の許可証を何というか。

14 勘合
かん ごう

□15 13との貿易は、日本が家臣の立場で行う【　】貿易の形式がとられた。

15 朝貢
ちょう こう

□16 13との貿易で、日本は【生糸 漆器】・銅銭・絹織物などを輸入した。
き いと　しっき

16 生糸

□17 14世紀末、高麗が滅び、【　　】が建国された。
こうらい　ほろ

17 朝鮮(国)
ちょうせん

□18 17を建国したのはだれか。

18 李成桂
り せいけい
イ ソンゲ

□19 17では【　　】という文字がつくられるなど独自の文化が発展した。

19 ハングル

□20 17と日本との貿易は対馬の【宗氏 尚氏】が次第に独占するようになった。
つしま　そう　しょう　し
だい どくせん

20 宗氏 ◀┈┈┈┐
　　　　　　　　 │
　　　　　 注意

□21 15世紀、①【宗氏 尚氏】が沖縄島を統一し、首里を都とする②【　　】を建国した。
り

21 ① 尚氏 ◀┈┈┘
　　 ② 琉球王国
　　　　　りゅうきゅう

□22 14世紀、蝦夷地のアイヌ民族は津軽(青森県)の【　　】で交易を行っていた。
え ぞ ち　　　　　　　　　つがる

22 十三湊
と さ きなと

□23 15世紀、和人の圧迫に対して蜂起したアイヌ民族の首長はだれか。
わ じん あっぱく　ほう き

23 コシャマイン

注意 シャクシャインが蜂起したのは1669年。

✏ 記述力アップ！

Q 琉球王国について、次の文の □ に適する内容を、15世紀ごろの中継貿易を模式的に示した右の**資料**を参考にして補い、文を完成させなさい。

[鹿児島]

琉球王国は、日本や中国・東南アジア諸国から □ する中継貿易によって繁栄した。
はんえい

資料

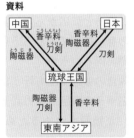

A (例)輸入した品物を別の地域や国に輸出

解説 **資料**を見ると、琉球王国の貿易は輸出品目＝輸入品目で、琉球王国の産品は含まれていないことがわかる。琉球王国の中継貿易は、16世紀、ポルトガル・スペインのアジア貿易進出によって次第に衰えた。
ふく
おとろ

5 民衆の成長と室町文化

重要度
□□□

民衆の成長と戦国大名

□ 1 定期市への陸上輸送は【　　】や車借になった。

□ 2 港町で水上輸送も行う倉庫業者を何というか。

□ 3 営業の独占権をもった同業者組合を何というか。

□ 4 村では【　　】と呼ばれる有力農民を中心とした自治組織がつくられるようになった。

□ 5 京都で自治を行った裕福な商工業者を何というか。

□ 6 1428年、近江の1が徳政を求めて暴動をおこしたのをきっかけに【　　】がおこった。

□ 7 1467年から京都を中心に11年間にわたって行われた戦いを何というか。

□ 8 7は室町幕府8代将軍【　　】のあと継ぎ問題が原因の1つだった。

□ 9 7で勢力を二分して争った有力守護大名は【上杉氏　山名氏　細川氏　武田氏】の2氏である。

□ 10 武士と農民らが守護大名の畠山氏を追放し、以降8年間にわたり自治を行った一揆を何というか。

□ 11 右の旗を決意のしるしとした一揆を何というか。

□ 12 7のあとに広がった、実力で上の者に取ってかわろうとする風潮を何というか。

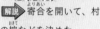

□ 13 独自の領国支配を行うまでに成長した、守護大名やその家臣、有力武士などを何というか。

□ 14 13が領国を治めるために独自に定めた法令を何というか。

□ 15 13によって開発された中国地方の銀山を何というか。

1 馬借

2 問(問丸)

3 座

4 惣(惣村)
解説 寄合を開いて、村の掟などを決めた。

5 町衆
解説 応仁の乱で中断していた祇園祭を復活させた。

6 正長の土一揆

7 応仁の乱

8 足利義政

9 山名氏・細川氏

10 山城国一揆

11 一向一揆

12 下剋上

13 戦国大名

14 分国法(家法)
解説 喧嘩両成敗などが定められている。

15 石見銀山
解説 島根県に位置し、江戸時代には幕府が直接支配した。

室町文化

□16 足利義満の時代の文化を①【東山文化　北山文化】、足利義政の時代の文化を②【東山文化　北山文化】という。

□17 足利義満は①【金閣　銀閣】、足利義政は②【金閣　銀閣】を建てた。

□18 猿楽や田楽から生まれた舞台芸能を何というか。

□19 足利義満に保護され、18を大成した父子はだれか。

□20 18の合間に演じられた喜劇を何というか。

□21 右の絵は銀閣と同じ敷地にある建物の中の部屋で、【　　】という。

□22 21のような建築様式を何というか。

□23 【　　】は墨の濃淡で自然を表現する画法である。

□24 日本の23を完成させた禅僧はだれか。

□25 禅宗の寺院では、砂や岩などを組み合わせて自然を表現する【　　】の庭園がつくられた。

□26 庶民を主人公にした『一寸法師』などの絵入りの物語を何というか。

16 ① 北山文化
　 ② 東山文化
　　　　　　注意

17 ① 金　閣
　 ② 銀　閣

18 能

19 観阿弥・世阿弥

20 狂言

21 東求堂同仁斎

22 書院造
解説 床の間や違い棚をもつ。

23 水墨画

24 雪舟

25 枯山水
解説 差別を受けていた「河原者」と呼ばれる人々が優れた技能を発揮した。

26 御伽草子

地理
歴史
公民

思考力アップ！

Q 15世紀、土一揆に加わった人々が、土倉や酒屋などを襲った。右の**資料**は、ある土一揆の成果を記した石碑の文章を現代語訳したものである。土倉や酒屋が襲われたのは、人々に対してどのようなことを行っていたからか、**資料**をふまえて答えなさい。

[山形]

資料
正長元年より以前の、神戸四か郷に関しては、徳政に負い目はいっさいない。

A 高利貸し

解説 1428年におきた正長の土一揆の**資料**である。室町時代、人々がおこした集団行動を土一揆という。室町時代の一揆には、徳政を要求する徳政一揆、在地の有力武士（国人）や地侍が農民を指導した国一揆、浄土真宗（一向宗）の信者がおこした一向一揆がある。百姓一揆は江戸時代で、混同しないようにする。

1 ヨーロッパとイスラム世界

重要度 □□□

キリスト教とイスラム世界

□ 1 中世、ビザンツ帝国では①【正教会　カトリック教会】、西ヨーロッパでは②【正教会　カトリック教会】が広く信仰された。

□ 2 カトリック教会の頂点に立つ【　　】は国王をしのぐ権威をもっていた。

□ 3 11世紀、2 はイスラム勢力の支配下にあった聖地【　　】の奪還を西ヨーロッパ諸国の王や貴族に呼びかけた。

□ 4 3 の位置を地図中のア～エから1つ選べ。

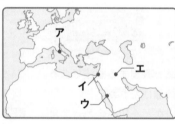

□ 5 3 を奪還するために派遣された軍を何というか。

□ 6 15世紀、【　　】がビザンツ帝国を滅ぼした。

ヨーロッパの変革

□ 7 14世紀のイタリアで、古代ギリシャ・ローマ文化を理想とする【　　】(文芸復興)が始まった。

□ 8 16世紀、「モナ=リザ」を描いたのはだれか。

□ 9 教会の資金集めのために 2 が始めた免罪符の販売を批判して、ドイツなどで【　　】が始まった。

□10 9 を始めたドイツの神学者はだれか。

□11 10などの考えを支持した人々を何というか。

□12 11に対抗し、改革を進めたカトリック教会の中心となった組織を何というか。

□13 カトリック教会の中心となった12は、勢力の回復のために、どのような手段をとったか。

---

1 ① 正教会
　 ② カトリック教会

2 ローマ教皇

3 エルサレム

4 イ
解説 アはローマで、ローマ教皇のいるバチカンが位置している。ウのメッカはイスラム教の聖地、エはバグダッド。

5 十字軍
解説 目的を果たすことはできず、ローマ教皇の権威は低下した。

6 オスマン帝国

7 ルネサンス

8 レオナルド=ダ=ビンチ
注意「ダビデ」を制作したミケランジェロと混同しない。

9 宗教改革

10 ルター
注意 スイスで宗教改革を始めたのはカルバン。

11 プロテスタント

12 イエズス会

13 海外布教

大航海時代

14【　　】の実用化によって航海術は進歩し、大航海時代が始まった。

15 右の地図中のＡの航路で、西インド諸島に到達したのはだれか。

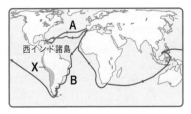

西インド諸島
A
X
B

16 15は【スペイン　ポルトガル】から支援を受けた。

17 地図中のＢの航路で世界一周を達成したのは、【　　】の船隊である。

18 地図中のＸには【インカ帝国　アステカ王国】が栄えていた。

19 18は【スペイン　ポルトガル】に滅ぼされた。

20 19はアメリカ大陸の先住民を【　　】の鉱山やさとうきびなどの大農園で働かせた。

21 アメリカ大陸で労働力が不足すると、ヨーロッパ人はアフリカの人々を【　　】として連行した。

---

14 羅針盤
　解説▶火薬も改良され、活版印刷術も発明された。

15 コロンブス
　解説▶コロンブスは死ぬまで自分はインドに到達したと考えていた。

16 スペイン

17 マゼラン

18 インカ帝国

19 スペイン
　解説▶ポルトガルはアジアを拠点に貿易を行っていた。

20 銀

21 奴隷

✏️ **記述力アップ！**

Q 右の図は、15世紀末に、インドに到達したバスコ＝ダ＝ガマの航路を示したものである。バスコ＝ダ＝ガマが海路でインドを目ざすことになったのはなぜか。当時のヨーロッパの人々が求めた品物と、陸路の貿易を握っていた勢力に触れて、答えなさい。　［山口］

図

――バスコ＝ダ＝ガマの航路

A（例）イスラム商人が取り引きを独占し高値だった香辛料を、インドと直接取り引きして安く入手しようと考えたから。

　解説▶ポルトガル国王の援助を受けてインド航路が開拓された。16世紀、ポルトガルはインドのゴアやマレー半島のマラッカ、中国のマカオを根拠地として、アジア貿易で巨額の富を得た。

2 信長・秀吉の統一事業と桃山文化

重要度
□□□

ヨーロッパ人との出会い

□ 1　1543年に、【　　　】人が日本に鉄砲をもたらした。

⭐ 2　1人が乗った船が漂着し、鉄砲を伝えた場所を地図中の**ア**〜**エ**から１つ選べ。

□ 3　1549年に、日本に初めてキリスト教を伝えたのはだれか。

□ 4　ポルトガル人・スペイン人との貿易を何というか。

□ 5　キリスト教の信者になった大名を何というか。

✏ 6　5がローマ教皇のもとに派遣した４人の少年たちによる使節を何というか。

織田信長の統一事業

□ 7　1573年、織田信長は15代将軍の【　　　】を京都から追放し、室町幕府を滅ぼした。

⭐ 8　1575年、信長は【桶狭間の戦い　長篠の戦い】で鉄砲を有効に使い、武田勝頼を破った。

□ 9　信長は【　　　】を焼き討ちにするなど、敵対した仏教勢力には厳しい姿勢をとった。

□10　信長が５層の天守をもつ城を築いた城下町はどこか。

⭐11　10の城下町において、信長が行った商業振興のための政策を何というか。

□12　1582年、信長が自害した事件を何というか。

豊臣秀吉の統一事業

⭐13　豊臣秀吉が実施した、全国の土地の調査・測量を何というか。

1　ポルトガル

2　エ
　解説▶エは種子島。アは長崎（南蛮貿易の港）、イは鹿児島（ザビエル上陸地）、ウは屋久島である。

3　フランシスコ＝ザビエル

4　南蛮貿易

5　キリシタン大名

6　天正遣欧(少年)使節

7　足利義昭

8　長篠の戦い
　注意　桶狭間の戦いは、1560年に信長が今川義元を破った戦い。

9　比叡山延暦寺
　解説▶一方で、キリスト教を保護した。

10　安土

11　楽市・楽座

12　本能寺の変
　解説▶家臣の明智光秀に攻められた。

13　太閤検地

14 13では予想収穫量を【　　】で表した。

15 秀吉が1588年に出した、百姓や寺社から武器を
取り上げる命令を何というか。

16 13や15によって、武士と百姓の身分の区別を
はっきりさせる【　　】が進んだ。

17 1590年、秀吉は関東の【　　】氏を滅ぼし、東北
地方の大名を服従させ、全国を統一した。

18 1592年、秀吉は明の征服を目ざして、朝鮮に大軍
を送った。これを【文永の役　文禄の役】という。

19 秀吉は再び朝鮮へ出兵したが（【慶長の役　弘安
の役】）、秀吉が病死したのを機に撤兵した。

桃山文化

20 右の絵を描いたの
はだれか。

21 堺の豪商出身で、
わび茶を大成した
のはだれか。

22 出雲の阿国が京都で始めた芸能を何というか。

14 石高

15 刀狩令

16 兵農分離

17 北条

18 文禄の役 ◄──

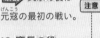

解説 文永の役は
元寇の最初の戦い。 ┐注意

19 慶長の役 ◄──

解説 弘安の役は元寇の
2度目の戦い。

20 狩野永徳

21 千利休

22 かぶき踊り

記述力アップ！

Q 資料1・資料2は、豊臣秀吉が行った
ある政策で用いられたものである。豊臣
秀吉が行ったその政策によって、公家や
寺社にはどのような変化が見られたか、
「荘園領主」の語句を使って、簡潔に答え
なさい。　　　　　　　　　　　　［長野］

資料1　京ます

資料2
検地尺

A （例）公家や寺社は、荘園領主として所有していた土地に対する権利を
失うことになった。

解説 秀吉は、地域によって異なっていたますやものさしを統一し、全国の田畑
の面積や収穫高を調べ、石高を用いて村ごとに検地帳を作成した。百姓には耕作権
を認めて年貢を納める義務を負わせ、武士には領地の石高に応じて軍役の義務を負
わせた。土地に関する複雑な権利関係は整理され、公家や寺社は権利を失った。

3 江戸幕府の成立と鎖国

江戸幕府の政治体制

□ 1 1600年におこった、石田三成を中心とする西軍と徳川家康を中心とする東軍の戦いは何か。

□ 2 1以前から徳川氏に仕えていた大名を①【　　】、1のころから徳川氏に仕えるようになった大名を②【　　】という。

□ 3 1615年、大阪の陣で【　　】氏が滅亡した。

★ 4 幕府政治を取りまとめる、右の図中の X の役職は何か。

□ 5 朝廷や西国大名を監視する、図中の Y の役職は何か。

図中：
将軍 — 大老・若年寄・寺社奉行 — 遠国奉行・大目付・町奉行・勘定奉行 — 郡代・代官
X
江戸
Y
地方 — 大阪城代 — 目付

★ 6 1615年に制定された大名統制のための法令を何というか。

★ 7 大名が1年おきに江戸と領国を行き来し、妻子を江戸屋敷に住まわせる制度を何というか。

★ 8 7を1635年に6に追加した将軍はだれか。

□ 9 村では、本百姓に【　　】をつくらせ、年貢納入や犯罪防止に連帯責任を負わせた。

□ 10 城下町には、武士と【　　】が集められた。

海外進出と鎖国

□ 11 江戸時代初期、徳川家康は大名や豪商に渡航許可証を発行し、【　　】貿易を奨励した。

□ 12 11貿易のおもな渡航先は【　　】だった。

□ 13 12の各地に日本人移住者が【　　】をつくった。

□ 14 1635年、将軍【　　】が日本人の海外渡航や帰国を禁じた結果、11貿易も停止となった。

解答欄（右）

注意
1 関ヶ原の戦い
2 ① 譜代(大名)
　 ② 外様(大名)
解説 外様は江戸から離れたところに配置された。

3 豊臣
4 老中

5 京都所司代
注意 鎌倉時代の六波羅探題と混同しない。

6 武家諸法度

7 参勤交代

8 徳川家光

9 五人組

10 町人

11 朱印船

12 東南アジア

13 日本町

14 徳川家光

15 1637年、重い年貢（ねんぐ）とキリシタン弾圧（だんあつ）に抵抗（ていこう）し、九州地方でおきた一揆（いっき）を何というか。

16 15の大将となった少年はだれか。

17 1639年に来航を禁じられたのはどこの国の船か。

18 1641年にオランダ商館が移転した、右の図の人工島を何というか。

19 オランダ商館長は、世界の情勢を記した【　】を幕府に提出することを義務づけられていた。

20 【　】藩（はん）の仲立ちで朝鮮との国交が回復した。

21 朝鮮が将軍の代がわりごとに江戸（えど）に派遣（はけん）した祝賀使節を何というか。

22 【　】藩は琉球王国（りゅうきゅう）を征服（せいふく）し、琉球王国の中継（なかつぎ）貿易を管理下に置いた。

23 【　】藩は蝦夷地（えぞち）のアイヌの人々との交易の独占権（どく）（せん）を認められていた。

24 17世紀後半、アイヌの人々は【　】を中心に23藩と戦ったが、敗れた。

---

15 島原（しまばら）・天草一揆（あまくさ）

16 天草四郎（あまくさしろう）（益田時貞（ますだときさだ））

17 ポルトガル
解説 スペイン船は1624年に来航を禁止された。

18 出島（でじま）

19 オランダ風説書（ふうせつがき）

20 対馬（つしま）
解説 対馬藩はその功績で、朝鮮との貿易を幕府から認められた。

21 朝鮮通信使

22 薩摩（さつま）

23 松前（まつまえ）

24 シャクシャイン
注意 コシャマインは室町時代（むろまち）に反乱をおこした。

地理

歴史

公民

✏️ 記述力アップ！

Q 次の文の□□□にあてはまる適当な内容を答えなさい。　［岡山］

　江戸幕府はキリスト教の広まっていく状況（じょうきょう）への対応として、人々に右の**資料**を踏（ふ）ませて□□□ことにより、禁教を徹底（てってい）していった。

資料

A （例）キリスト教徒を発見する／キリスト教徒ではないことを証明させる

解説 資料を踏絵（ふみえ）、踏ませる手法を絵踏（えふみ）という。キリスト教根絶のため、幕府は人々をいずれかの寺院に所属させ、仏教徒であることを寺院に証明させた（寺請制度（てらうけ））。そして、宗門改（しゅうもんあらため）を行って、個人の宗派と所属する寺院を宗門改帳に登録した。絵踏は当初は効果を発揮したが、ひそかに信仰（しんこう）を続けた者もいた。

4 産業の発達と元禄文化

産業の発達

☐1 年貢の増収を図るために、幕府や藩は、用水路の開発や干拓によって【　　】を行った。

☐2 右の図のX・Yの農具をそれぞれ何というか。

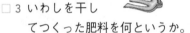

☐3 いわしを干してつくった肥料を何というか。

☐4 五街道のうち、江戸と京都を結ぶ街道には【　　】と中山道がある。

☐5 17世紀後半に河村瑞賢によって開かれた、東北地方の米などを大阪に運ぶ航路を何というか。

☐6 江戸～大阪間を結ぶ航路では、木綿や菜種油は【　　】、酒は樽廻船が運んだ。

☐7 諸藩は年貢米や特産物を保管・販売するために、大阪に【　　】を置いた。

☐8 商業の中心だった大阪は「【　　】」と呼ばれた。

☐9 幕府の許可を得て営業を独占した同業者組合を【株仲間　座】という。

☐10 金銀の交換や、大名などを相手に金貸しを行う商人を何というか。

江戸時代前期の文化

☐11 17世紀後半、江戸幕府5代将軍【　　】は武力より学問を重んじる文治政治に転換を図った。

☐12 11が奨励した、儒学の中でも特に身分秩序を重んじる学問を何というか。

☐13 11が将軍だったころの元号から、この時代の文化を何というか。

---

1 新田開発
解説 耕地面積は豊臣秀吉のころに比べて、18世紀の初めごろには約2倍になった。

2 X 備中ぐわ
　Y 千歯こき

3 干鰯

4 東海道
解説 五街道はほかに、日光道中・奥州道中・甲州道中。

5 西廻り航路
注意 江戸に運ぶ航路は東廻り航路。

6 菱垣廻船

7 蔵屋敷

8 天下の台所

9 株仲間
注意 座は鎌倉・室町時代の同業者組合である。

10 両替商

11 徳川綱吉

12 朱子学

13 元禄文化

14 武士や町人の生活を描いた浮世草子は【井原西鶴　近松門左衛門】の『好色一代男』に始まった。

15 右の絵の、三味線を伴奏し浄瑠璃に合わせて人形を操る芸能を何というか。

16 現実の事件を題材とした『曽根崎心中』など、【井原西鶴　近松門左衛門】の脚本による15が人々の人気を集めた。

17 自分の内面を表現し、俳諧を完成させた【　　】は『奥の細道』を著した。

18 役者絵や美人画など、町人の風俗を描いた絵画を何というか。

19 「見返り美人図」などを描き、18を始めたといわれるのはだれか。

14 井原西鶴

15 人形浄瑠璃

注意

16 近松門左衛門

17 松尾芭蕉

18 浮世絵

19 菱川師宣

解説 このころは肉筆画。多色刷りの版画（錦絵）は江戸時代後期、鈴木春信が始めた。

地理

歴史

公民

✏ 記述力アップ！

Ｑ 18世紀以降の江戸時代の農村において、小作人となる農民が増えた理由を、**資料１・資料２**をもとにして、簡潔に答えなさい。　　　［宮城］

資料１　18世紀ごろの農村について

・備中ぐわや千歯こきなど農具が改良されるとともに、農民が農具を購入するようになった。
・農民は、綿花や紅花などの商品作物を生産し、それを売ることで、貨幣を手に入れることができた。
・商品作物をつくるためには、干鰯などの高価な肥料が必要だった。

資料２　18世紀後半のある農民のおもな支出

農具代	銀	491匁
肥料代	銀	2077匁
生活費	銀	552匁
その他	銀	730匁
支出合計	銀	3850匁

※匁は銀貨の単位である。　　（「西成郡史」）

Ａ （例）商品作物の生産に必要な肥料を購入するために借金したものの、不作や商品価格の下落で借金を返済できず、土地を手放すほかなかったから。

解説　**資料１**から農村でも貨幣経済が浸透し、農民が収入を得るために商品作物の栽培を行っていたこと、**資料２**から肥料代が支出の半分以上を占めていることが読み取れる。

5 幕府政治の改革と社会の変化

重要度
□□□

幕府政治の改革と社会の変化

□ 1 グラフ中のXにあてはまる語句を答えよ。

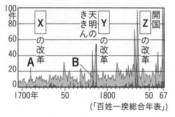

（「百姓一揆総合年表」）

□ 2 1の改革に取り組んだのはだれか。

□ 3 2は裁判の基準を定めた【　　】を制定した。

□ 4 2は庶民の意見を取り入れるために【　　】を設置した。

□ 5 18世紀後半、積極的な経済政策で幕府財政を立て直そうとした老中はだれか。

□ 6 5は商人らに【座　株仲間】の結成を奨励した。

□ 7 5は天明のききんで、年貢の軽減を求めるグラフ中のAの【　　】や、都市で貧しい人々が米を買い占めた商人を襲うグラフ中のBの【　　】が激増したことで、失脚した。

□ 8 18世紀に発達した、問屋が百姓に材料や道具を貸し与え、できた商品を買い取る生産方式を何というか。

□ 9 19世紀に発達した、地主や商人が工場を建設し、人を雇って分業させる生産方式を何というか。

□ 10 グラフ中のYにあてはまる語句を答えよ。

□ 11 10の改革に取り組んだのはだれか。

□ 12 11は凶作に備えて【囲米　上米の制】で米を蓄えさせた。

□ 13 1837年、大阪で反乱をおこした大阪町奉行所の元役人はだれか。

□ 14 グラフ中のZにあてはまる語句を答えよ。

---

1 享保

解説 新田開発、漢訳洋書の輸入緩和など。

2 徳川吉宗

3 公事方御定書

4 目安箱

5 田沼意次

6 株仲間 注意

解説 株仲間を認めて営業を独占させるかわりに一定の税を納めさせた。

7 A 百姓一揆
　 B 打ちこわし

8 問屋制家内工業

9 工場制手工業
（マニュファクチュア）

10 寛政

11 松平定信

12 囲米

解説 上米の制は享保の改革。参勤交代の江戸滞在を半年に短縮するかわりに一定の米を幕府に納めさせた。

13 大塩平八郎

14 天保

解説 江戸・大阪周辺を幕領にしようとした上知令を大名らに反対され、改革は2年で失敗した。

15 14の改革に取り組んだのはだれか。

16 15は物価の上昇を防ごうと【　　】に解散を命じた。

17 諸藩の中には、特産物を管理下に置き、利益を独占する【　　】制をとり、財政再建に成功する藩もあった。

15 水野忠邦

16 株仲間

17 専　売

外国船の出現

18 1792年、根室に来航したロシア使節はだれか。

19 地図中のXのルートを探検し、樺太が島であることを確認したのはだれか。

20 1825年に【　　】が出され、日本に接近する外国船の撃退が命じられた。

21 1839年、20によっておきたモリソン号事件を批判した渡辺崋山や高野長英らが処罰される【　　】がおこった。

―X―
（1808～09年）
エゴコライエフスク
樺太
宗谷
蝦夷地

18 ラクスマン
解説▶1804年にはレザノフが長崎に来航した。

19 間宮林蔵

20 異国船打払令

21 蛮社の獄
解説▶渡辺崋山・高野長英は蘭学者。

💡 **思考力アップ！**

Q 徳川吉宗は収入を増やすために、**資料Ⅰ**で示されている内容のほかにどのような政策を行ったか、**資料2**を参考にして、簡潔に答えなさい。　　　［群馬］

資料Ⅰ

　徳川吉宗は、幕府の収入を増やすために、武士に質素・倹約を命じ、上米の制を定めた。こうした改革は享保の改革と呼ばれた。

資料2　享保年間に描かれた絵図の一部

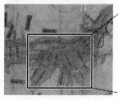

（坂東郷土館ミューズ資料により作成）

A （例）新田の開発に力を注いだ。

解説▶増税や質素・倹約には限界があり、吉宗は新しい田地の開発を進めて耕地の拡大を図った。その際、幕府は財政難であったため、町人の資本による開発を奨励した。
　資料2の絵地図には村の名や人物名を冠した新田名が多く見られる。

6　新しい学問と化政文化

重要度
□□□

江戸時代の学問

□ 1　寛政の改革を契機に、湯島の聖堂学問所は幕府に移管され、【　　】となった。

□ 2　1では、【　　】以外の学問を教えることが禁じられた。

□ 3　日本の古典を研究し、日本古来の考え方を明らかにしようとする学問を何というか。

□ 4　3を大成した松阪出身の国学者はだれか。

□ 5　4は『【　　】』を著し、3を大成した。

□ 6　3は幕末の【　　】運動に大きな影響を与えた。

□ 7　【平賀源内　高野長英】は寒暖計やエレキテルをつくった。

□ 8　50歳で隠居後、測量術を学び、全国の沿岸を測量して正確な日本地図をつくったのはだれか。

□ 9　諸藩が藩士の子弟を育成するために設立した学校を何というか。

□ 10　右の図のような、江戸時代の町人や百姓の子どもたちが学んだ教育機関を何というか。

□ 11　10では、子どもたちはおもに何を学んだか。

江戸時代後期の文化

□ 12　江戸時代後期には、①【江戸　上方】を中心とした②【豊かな町人　庶民】の皮肉や滑稽を好む文化が花開いた。

□ 13　12の文化を何というか。

□ 14　庶民の娯楽として、相撲や落語、舞台芸能である【　　】が人気を集めた。

1　昌平坂学問所

2　朱子学
解説　身分秩序を重んじる教えは、幕府にとって都合がよかった。

3　国　学

4　本居宣長

5　古事記伝

6　尊王攘夷

7　平賀源内
解説　高野長英は蛮社の獄で渡辺崋山とともに処罰された蘭学者。

8　伊能忠敬

9　藩　校

10　寺子屋

11　読み・書き・そろばん

12　①　江　戸
　　②　庶　民

13　化政文化
注意　上方中心の豊かな町人による文化は、江戸時代前期の元禄文化。

14　歌舞伎

□15 十返舎一九の滑稽本『【東海道五十三次　東海道中膝栗毛】』は多くの人に読まれた。

□16 浮世絵の技術が進み、【　　】と呼ばれる多色刷りの美しい版画が制作されるようになった。

□17 風景画の浮世絵師として知られる歌川広重の「【東海道五十三次　東海道中膝栗毛】」は人々の人気を博した。

□18 右の絵のように、富士山の姿が含まれる浮世絵で人気が高い絵師の名を答えよ。

□19 「ポッピンを吹く女」などの美人画で人気があった絵師はだれか。

□20 松尾芭蕉以後衰退していた俳諧の復興に力を尽くした【　　】は、俳句で絵のような風景を表現した。

□21 俳諧の形を借りて、社会を皮肉るものを【狂歌　川柳】という。

15 東海道中膝栗毛 ←

16 錦　絵　　[注意]
解説 大量印刷できたので、安価に手に入れることができた。

17 東海道五十三次 ←

18 葛飾北斎
解説 「富嶽三十六景」「北斎漫画」などの作品がある。

19 喜多川歌麿

20 与謝蕪村

21 川　柳
[注意] 和歌の形を借りて、社会を皮肉るのが狂歌。

🖊 記述力アップ！

Q 享保の改革は江戸時代の学問の発達に影響を与えた。右の図は江戸時代後期に杉田玄白らが出版した書物の扉絵である。①この書物の名を答えなさい。②この書物の出版以降に本格的に広まった、ヨーロッパの学術や文化を研究する学問の名を答えなさい。③この学問の発達に影響を与えた、享保の改革におけるヨーロッパの書物に関する政策の内容を簡潔に答えなさい。

[静岡-改]

図

A ① 解体新書　　② 蘭　学
③（例）キリスト教に関係のない漢訳洋書の輸入を認めた。

解説 『解体新書』はオランダ語で書かれた解剖書『ターヘル-アナトミア』を翻訳したもの。出版されたのは田沼意次が老中として活動していた時期にあたる。蘭学は医学・天文学・測量術など、実用的な分野で発達した。

95

1 欧米の発展とアジア侵略

重要度
▢▢▢

市民革命

□1 国王がすべての政治権力をもち、教会や議会などを従えて行う政治を何というか。

□2 17世紀のイギリスで、1を批判し、社会契約説（けいやく）や抵抗権（ていこう）を主張した啓蒙思想家（けいもう）はだれか。

□3 17世紀半ば、クロムウェルの指導で王政を倒し（たお）、共和政を実現した革命を何というか。

□4 1688年、国王を追放し、議会を重んじる新国王を迎（むか）えたイギリスの革命を何というか。

□5 4で、1689年に議会は【　　】を制定した。

□6 1776年、北アメリカのイギリス植民地は本国に対し、【　　】を発表した。

□7 1789年、右の絵のバスチーユ牢獄襲撃（ろうごくしゅうげき）から【　　】が始まった。

□8 7の際に発表された宣言文を何というか。

□9 8に影響（えいきょう）を与（あた）えた、『社会契約論』を著（あらわ）したフランスの啓蒙思想家はだれか。

□10『法の精神』を著し、三権分立を説いたフランスの啓蒙思想家はだれか。

□11 混乱の続くフランスで指導力を発揮し、1804年の国民投票で、皇帝（こうてい）の位についたのはだれか。

産業革命と欧米のアジア侵略

□12 動力の開発と機械の発明や改良による産業と社会の大きな変革を何というか。

□13 資本家が労働者を雇（やと）い、利益をあげることを目的に生産活動を行うしくみを【　　】経済という。

1 絶対王政

2 ロック

3 ピューリタン革命（清教徒革命）（せいきょうと）

4 名誉革命（めいよ）　◀┈┈ 注意

5 権利（の）章典
解説 立憲君主政と議会政治が確立した。

6 独立宣言

7 フランス革命

8 人権宣言
解説 自由や平等、国民主権、私有財産の不可侵（ふかしん）などを明らかにした。

9 ルソー

10 モンテスキュー

11 ナポレオン

12 産業革命
解説 イギリスは「世界の工場」と呼ばれるようになった。

13 資本主義

14 13を批判し、生産手段を国有化することで、平等な社会を実現する思想を【　】という。

15 14を唱え、『資本論』を著したドイツの経済学者はだれか。

16 1842年、アヘン戦争でイギリスに敗れた清は、清にとって不平等な【　】条約を結んだ。

17 洪秀全（ホンシウチュワン）を指導者として【　】の乱がおこった。

18 インド大反乱を鎮圧したイギリスは1877年、【インド帝国　ムガル帝国】を成立させた。

19 プロイセンで富国強兵策を進め、「鉄血宰相」と呼ばれた人物はだれか。

20 1861年、貿易や奴隷制をめぐる対立から、アメリカ国内を二分して始まった内戦を何というか。

21 1863年に奴隷解放宣言を出した大統領はだれか。

14 社会主義

15 マルクス

16 南京（ナンキン）
解説▶領事裁判権（りょうじさいばんけん）を認め、関税自主権（かんぜいじしゅけん）のない、清にとって不平等な条約。

17 太平天国（たいへいてんごく）

18 インド帝国
解説▶ムガル帝国を滅ぼ（ほろ）し、イギリス国王を皇帝とする国をつくった。

19 ビスマルク

20 南北戦争

21 リンカン

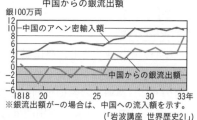

✎ 記述力アップ！

Q Hさんは**資料1・資料2**を用いてアヘン戦争がおこった原因について考察した。下のHさんの考察が正しいものとなるように、□に適切な内容を補い、文を完成させなさい。　[山口]

Hさんの考察

　三角貿易により、□。そのため、中国がアヘンを厳しく取り締（し）まると、イギリスが中国を攻撃し、アヘン戦争がおきた。

資料1　イギリス・中国・インドの三角貿易 (19世紀)

イギリス ←茶・絹― 中国
イギリス ―銀→ 中国
イギリス ―綿織物→ インド
インド ―銀→ イギリス
インド ←銀― 中国
インド ―アヘン→ 中国

資料2　広州における中国のアヘン密輸入額と中国からの銀流出額

銀100万両
中国のアヘン密輸入額
中国からの銀流出額
1818 20 25 30 33年
※銀流出額が－の場合は、中国への流入額を示す。
（「岩波講座 世界歴史21」）

A （例）**中国ではインドからのアヘンの密輸が増加し、銀が大量に流出するようになった**

解説▶ **資料1**で、イギリスと中国の二国間貿易では、イギリスが貿易赤字であった。そこで、イギリスは、支配下にあるインドでアヘンをつくり、中国に輸出した。**資料2**から、次第（しだい）にアヘン密輸量が増え、あわせて中国から銀が流出していったことが読み取れる。

2　開国と江戸幕府の滅亡

重要度
■■■

黒船の来航と不平等条約

☆□ 1　1853年、アメリカ大統領の国書をもって、浦賀に来航したのはだれか。

☆□ 2　1854年、幕府はアメリカと【　　】を結んだ。

□ 3　2で開かれた港を地図中の**ア～カ**から2つ選べ。

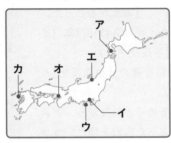

☆□ 4　1858年、幕府とアメリカの間で結ばれた条約を何というか。

☆□ 5　4を結んだときの江戸幕府の大老はだれか。

☆□ 6　4は不平等な内容で、日本に①【　　】がなく、アメリカに②【　　】を認めるものだった。

□ 7　当時、最も貿易額が大きかった港を、地図中の**ア～カ**から1つ選べ。

□ 8　日本のおもな輸出品2種は、【生糸　綿織物　軍艦　茶】である。

江戸幕府の滅亡

□ 9　天皇中心の国家を目ざし、外国勢力を排除しようとする【　　】運動が高まった。

□10　大老の5は、幕府の政策に批判的な勢力を処罰した。これを【安政の大獄　桜田門外の変】という。

□11　10を行った結果、5が暗殺された事件を【安政の大獄　桜田門外の変】という。

□12　【長州藩　薩摩藩】は海峡を通過する外国船に砲撃を加えたことで、欧米から報復攻撃を受けた。

□13　報復を受けたあと、12で実権を握ったのはだれか。

1　ペリー

2　日米和親条約

3　ア・ウ
[解説] アの函館とウの下田。下田は日米修好通商条約により閉鎖された。

4　日米修好通商条約
[解説] 地図中のウ以外が開港されることとなった。

5　井伊直弼

6　① 関税自主権
　　② 領事裁判権
　　（治外法権）

7　イ
[解説] イギリスとの貿易が中心で、横浜港での貿易額が最も大きかった。

8　生糸・茶

9　尊王攘夷
[解説] 長州藩などが運動の中心となった。

10　安政の大獄 ◀‑‑‑‑
[解説] 長州藩の吉田松陰らが処刑された。

11　桜田門外の変 ◀‑‑‑‑
　　　　　　　　　[注意]

12　長州藩
[解説] 関門海峡沿いに下関砲台を築いた。

13　木戸孝允
　　（高杉晋作）

14 薩英戦争後、薩摩藩で実権を握り、政治改革に着手したのは【　】と大久保利通だった。

14 西郷隆盛

15 薩長同盟の仲立ちを行った、右の土佐藩出身者はだれか。

15 坂本龍馬

16 各地で【　】を求める民衆による一揆がおきた。

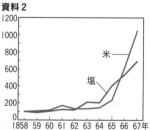

16 世直し

17 江戸幕府第15代将軍の名を答えよ。

17 徳川慶喜

18 1867年、17が政権を朝廷に返還したことを何というか。

18 大政奉還

19 朝廷の実権を握った岩倉具視らが【　】を出し、天皇中心の新しい政府の樹立を宣言した。

19 王政復古の大号令

20 鳥羽・伏見の戦いから始まる、旧幕府軍と新政府軍との戦いを何というか。

20 戊辰戦争

21 20は函館の【　】の戦いで終結した。

21 五稜郭

💡 **思考力アップ！**

Q 次の文の空欄 **X** 〜 **Z** にあてはまる語句を**資料１・資料２**を参考に、あとの**ア〜エ**からそれぞれ１つ選びなさい。

［三重］

欧米諸国は、日本との金と銀の交換比率の違いを利用して、自国の **X** を日本に持ち込み、日本の **Y** を大量に購入し国外にもち出した。幕府は、**Y** の含有量を減らした小判をつくって対応したが、貨幣の価値が **Z** 、物価が上昇した。

ア 金　**イ** 銀　**ウ** 上がり　**エ** 下がり

A **X イ**　**Y ア**　**Z エ**

資料１

欧米の交換比率	日本の交換比率
金１：銀15	金１：銀５

資料２

※1858年の値段を100としたときの数値。
（「近世後期における主要物価の動態」）

（グラフ：1858 59 60 61 62 63 64 65 66 67年、米、塩）

解説 **資料１**から、銀に対する金の価値が日本は欧米の３分の１であることがわかる。欧米から銀を持ち込めば、３倍の金を手に入れることができた。幕府は金の含有量を減らした貨幣をつくることで金の国外流出を止めようとしたが、**資料２**で物価が急激に上がっていることから、貨幣の価値が下落したことが読み取れる。人々のくらしは苦しくなり、幕府への不満が高まった。

3 明治維新と文明開化

明治維新の改革

▢ 1 1868年、明治天皇が神に誓う形で出された新政府の基本方針とは何か。

▢ 2 政府が大名に領地と領民を朝廷に返させたことを【版籍奉還　廃藩置県】という。

▢ 3 倒幕の中心となった藩の出身者らが、明治政府の実権を握って行った政治を何というか。

▢ 4 右のグラフ中のXにあたる新しい身分は何か。

▢ 5 1871年に出されたいわゆる「【　　】」で、厳しい差別を受けていた人々の身分はグラフ中のXと同じとされた。

華族・士族 5.6
僧侶・旧神官 0.9
総人口 3313.2 万人
X 93.5%
(1872年)(「近代日本経済史要覧」)

▢ 6 1872年、満6歳以上の男女に小学校教育を受けさせることを定めた【　　】が公布された。

▢ 7 1873年から実施された税制改革を何というか。

▢ 8 7と同じ年、満20歳以上の男子に3年間の兵役の義務を定めた【　　】が出された。

▢ 9 欧米諸国に対抗する近代国家を建設するために政府が掲げたスローガンを、漢字4字で答えよ。

▢ 10 政府は9を実現するために、近代産業を育てる【　　】政策に取り組んだ。

▢ 11 10政策の1つとして政府がつくった、欧米の進んだ技術を取り入れた近代的な工場を何というか。

▢ 12 11の代表的なものとして群馬県の【　　】がある。

▢ 13 都市を中心に見られた、欧米文化の流入による生活様式の変化を何というか。

▢ 14 13の1つに【太陽暦　太陰暦】の採用がある。

---

1 五箇条の御誓文

2 版籍奉還

注意 廃藩置県は、版籍奉還後、藩を廃止して府・県を置き、中央政府から府知事・県令を派遣し、中央集権を図った政策。

3 藩閥政治

4 平民

5 解放令

6 学制

7 地租改正

8 徴兵令

9 富国強兵

解説 このために、学制・地租改正・徴兵令が実施された。

10 殖産興業

11 官営模範工場

12 富岡製糸場

13 文明開化

14 太陽暦

15 『学問のす〻め』を著したのはだれか。

16 ルソーの『社会契約論』を『民約訳解』として翻訳し、「東洋のルソー」といわれたのはだれか。

明治時代初期の外交

17 1871〜73年、欧米に派遣された使節団の全権大使となった、右の写真のXはだれか。

18 右の写真の使節団に同行した最年少女子留学生はだれか。

19 1871年、日本は清と対等な【　　】を結んだ。

20 政府内では、武力を使って朝鮮を開国させようとする【　　】が高まった。

21 1875年の江華島事件をきっかけに、翌年、日本は朝鮮と【　　】を結び、朝鮮を開国させた。

22 1875年、ロシアと日本の国境を画定する【　　】条約が結ばれた。

23 蝦夷地は北海道と改称され、【　　】が置かれた。

24 北海道開拓と北方の警備を目的として、当初は失業した士族らが【　　】として配備された。

25 1879年、政府は琉球藩を廃止し【　　】を設置した。

---

15 福沢諭吉
解説▶ 人間の平等と自由などをわかりやすく説いた。

16 中江兆民

17 岩倉具視
解説▶ 大久保利通・木戸孝允・伊藤博文らが同行した。

18 津田梅子
解説▶ のちに女子教育の発展に尽力した。

19 日清修好条規

20 征韓論

21 日朝修好条規

22 樺太・千島交換

23 開拓使

24 屯田兵

25 沖縄県

地理
歴史
公民

記述力アップ！

Q 明治政府は、それまで不安定であった歳入を安定させる目的で、地券を発行し、地租改正を実施した。地租改正が歳入の安定につながるのはなぜか。改正前の歳入が不安定であった理由に触れて答えなさい。　　　[石川]

A (例)改正前は米による物納であったため、収穫量や米価によって歳入が大きく変動したが、地租改正により地価の3％を現金で納めさせるようになったから。

解説▶ 地価の3％(のちに2.5％に引き下げ)を地租として土地の所有者に現金で納めさせたため、予算が立てやすくなった。地租は政府の収入の大部分を占めるようになり、財政が安定した。改正前の歳入が不安定であった理由として、「収穫量」や「米価」の変動に触れることが必須である。

4 自由民権運動と議会の開設

重要度 □□□

自由民権運動の高まり

□ 1 1874年、藩閥政治を批判し、議会の開設を求める【　　】が政府に提出された。

□ 2 1の提出から始まった、国民が政治に参加する権利の確立を目ざす運動を何というか。

□ 3 2を主導した、土佐藩出身の人物はだれか。

□ 4 3とともに政府を去った右の人物はだれか。

□ 5 4を中心として、1877年に九州地方でおきた不平士族の反乱を何というか。

□ 6 1880年に大阪で結成された、国会開設を求める団体を何というか。

□ 7 1881年、開拓使官有物払い下げ事件をきっかけに、10年後の国会開設を約束する【　　】が出された。

□ 8 1881年、3はフランスの人権思想にもとづく【自由党　立憲改進党】を結成した。

□ 9 1882年、イギリスのような議会政治を目ざす【自由党　立憲改進党】が結成された。

□10 9を結成したのはだれか。

□11 1884年、埼玉県で8の影響を受けた農民らが【　　】と呼ばれる暴動をおこし、2は次第に衰えていった。

憲法の発布と議会の開設

□12 憲法を調査するためにヨーロッパに留学し、憲法草案を中心となって作成したのはだれか。

□13 12は、君主権が強い【　　】やオーストリアの憲法をおもに調査した。

---

1 民撰議院設立の建白書

2 自由民権運動

3 板垣退助

4 西郷隆盛
解説 征韓論をめぐる政府内の対立によって政府を去った。

5 西南戦争
解説 徴兵令によって組織された近代的軍隊に敗れた。士族による最大規模で最後の反乱となった。

6 国会期成同盟

7 国会開設の勅諭

8 自由党 ◀┄┄┐
　　　　　　注意
9 立憲改進党 ◀┄┄┘

10 大隈重信

11 秩父事件

12 伊藤博文

13 ドイツ
（プロイセン）

❑14 1885年に【　　】制度ができ、12は初代の首相となった。

❑15 1889年に天皇が国民に与えるという形で発布された憲法の正式名称を答えよ。

❑16 15では、主権は【　　】にあると規定されていた。

❑17 15では、国民は天皇の【　　】とされていた。

❑18 国民に対し、基本的人権は【　　】の範囲内で認められていた。

❑19 帝国議会は衆議院と【　　】の二院で構成されていた。

❑20 1890年、天皇と国に対する「忠君愛国」を示した【　　】が発布された。

❑21 右の図は1890年に実施された第1回衆議院議員総選挙のようすを描いている。選挙権を与えられたのはどのような人々だったか。

❑22 選挙権を与えられたのは総人口の約何%か。

---

14 内 閣

15 大日本帝国憲法

16 天 皇

17 臣 民

18 法 律
解説▶ 法律で制限できるという意味でもある。

19 貴族院
解説▶ 皇族や華族、天皇が任命した者などで構成された。

20 教育勅語

21 直接国税を15円以上納める満25歳以上の男子

22 エ (1.1) %

💡 **思考力アップ！**

Q 右の**表**中の**ア〜エ**は、板垣退助・伊藤博文・大久保利通・大隈重信のいずれかである。伊藤博文にあたるものを**ア〜エ**から１つ選びなさい。　　　　　[岐阜]

表　近代国家をつくった政治家たち

	ア	イ	ウ	エ
岩倉使節団に参加した	×	×	○	○
大日本帝国憲法制定前に政党を結成した	○	○	×	×
内閣総理大臣になった	×	○	○	×

※○は該当する、×は該当しないことを意味する。

A ウ

解説▶ **ア**は板垣退助で、結成した政党は自由党、**イ**は大隈重信で、結成した政党は立憲改進党である。**エ**の大久保利通は西南戦争の翌年、新政府に不満をもつ不平士族によって暗殺された。伊藤博文は、初代内閣総理大臣・初代枢密院議長・初代貴族院議長・下関条約全権・立憲政友会初代総裁・初代韓国統監など、多くの要職についた。

5　条約改正と日清・日露戦争

重要度　□□□

条約改正

□ 1　欧米列強が強大な軍事力を背景に、アジア・アフリカを分割する動きを【　　】主義という。

□ 2　欧米文化を取り入れ、日本が文明国であることを示そうと井上馨がとった政策を何というか。

□ 3　2の1つである、【　　】で開かれた連日の舞踏会は世論の批判を浴びた。

□ 4　1886年におきた【エルトゥールル号　ノルマントン号】事件で、条約改正の世論が高まった。

□ 5　4事件は、【　　】撤廃の世論が高まるきっかけとなった。

□ 6　日清戦争直前に【小村寿太郎　陸奥宗光】がイギリスとの間で5の撤廃に成功した。

□ 7　欧米諸国との条約改正がすべて達成されたのは1911年で、【小村寿太郎　陸奥宗光】が外務大臣のときである。

日清戦争

□ 8　1894年、朝鮮半島での【義和団事件　甲午農民戦争】をきっかけに、日清戦争がおこった。

□ 9　日清戦争の講和条約を何というか。

□ 10　9で日本が得た領土として、その後50年間支配した場所を地図中の**ア〜エ**から1つ選べ。

□ 11　9で日本が獲得したが、ロシアなどの3か国が清に返還するよう要求してきた場所を地図中の**ア〜エ**から1つ選べ。

□ 12　11の返還要求を何というか。

1　**帝国**

2　**欧化政策**

3　**鹿鳴館**

4　**ノルマントン号**
解説　日本人乗客は全員死亡したが、イギリス人船長を日本側で裁くことができなかった。

5　**領事裁判権（治外法権）**　注意

6　**陸奥宗光** ◀‑‑‑
解説　伊藤博文とともに下関条約に調印した人物。

7　**小村寿太郎** ◀‑‑‑
解説　ポーツマス条約に調印した人物。

8　**甲午農民戦争**
注意　義和団事件は日露戦争の遠因である。

9　**下関条約**

10　**エ**
　エは台湾である。

11　**イ**
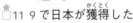　イは遼東半島である。ロシアがドイツ・フランスとともに、清への返還を要求した。

12　**三国干渉**

日露戦争と東アジア情勢

13 【義和団事件　甲午農民戦争】をきっかけに、ロシアが満州を事実上占領した。

14 1902年、ロシアの南下政策を警戒し、日本はイギリスと【　　】を結んだ。

15 日露戦争に出兵した弟を思って、「君死にたまふことなかれ」を発表した女流歌人はだれか。

16 1905年、アメリカの仲立ちで結ばれた日露戦争の講和条約を何というか。

17 16で、【　　】の南半分が日本の領土となった。

18 16での鉄道利権をもとに【　　】が設立された。

19 1910年、日本は韓国を併合し、京城（現在のソウル）に【朝鮮総督府　韓国統監府】を置いた。

20 清を倒す革命を指導したのはだれか。

21 20は民族の独立・民主政の実現・民衆の生活の安定を目ざす【　　】を唱えた。

22 20が指導し、アジア初の共和国である中華民国を建国した革命を何というか。

---

13 義和団事件

14 日英同盟

15 与謝野晶子

解説 開戦前、社会主義者の幸徳秋水、キリスト教徒の内村鑑三は戦争に反対していた。

16 ポーツマス条約

17 樺太（サハリン）

18 南満州鉄道株式会社（満鉄）

19 朝鮮総督府

解説 韓国統監府が置かれたのは1905〜1910年。

20 孫文　スン　ウェン

21 三民主義

22 辛亥革命

✏ 記述力アップ！

Q 資料1は、日露戦争のころ、重税に苦しむ国民のようすを示したもの、資料2は、日清戦争と日露戦争の比較を示したものである。日比谷焼き打ち事件がおこった理由を、資料1・資料2をふまえて答えなさい。　　　［鳥取］

A （例）国民が重い税負担などに苦しみながら戦争に協力したにもかかわらず、賠償金を得られなかったから。

解説 資料2で日露戦争では日清戦争より動員兵も戦費も多かったこと、資料1で戦費は国民の税負担でまかなわれていたことが読み取れる。戦争の継続が困難であったことは国民に知らされておらず、国民の不満が爆発する形で日比谷焼き打ち事件がおきた。

資料1

資料2

	動員兵数	戦費	賠償金
日清戦争	約24万人	約2億円	2億両*
日露戦争	約109万人	約17億円	なし

＊当時の日本の国家予算の約3.6倍

6 日本の産業革命と近代文化の形成

重要度 □□□

産業の発達

□1 【　　】戦争前後、軽工業で産業革命が始まった。

□2 紡績工場では、【生糸　綿糸】がつくられた。

□3 1901年に操業を開始した官営の製鉄所を何というか。

□4 3が建てられた場所を地図中の**ア〜エ**から1つ選べ。

□5 3は【　　】で得た賠償金をもとに建設された。

□6 富岡製糸場の設立など、多くの企業の設立にかかわり、「日本資本主義の父」と呼ばれているのはだれか。

□7 さまざまな分野の企業を経営する三井・三菱などが【　　】に成長していった。

□8 日露戦争後には、日本は世界最大の【　　】の輸出国に成長した。

□9 1906年、軍事目的もあり、主要な【　　】が国有化された。

□10 工場労働者を守るため、1911年に【　　】が制定されたが、例外規定が多く効力はなかった。

□11 栃木県の渡良瀬川流域では、【　　】の廃水による鉱毒事件がおきた。

□12 11の鉱毒事件を国会で問題提起し、操業停止を求める運動を行った衆議院議員はだれか。

□13 1910年、天皇暗殺を計画したとして社会主義者らが逮捕され、翌年処刑された事件を何というか。

□14 13の首謀者として処刑された人物はだれか。

---

1 日清

2 綿糸
[注意] 生糸は製糸場でつくられる。

3 八幡製鉄所
[解説] 地元の筑豊炭田でとれる石炭と中国から輸入される鉄鉱石を原料とした。

4 エ
[解説] エは現在の北九州市である。

5 日清戦争

6 渋沢栄一

7 財閥

8 生糸

9 （民営）鉄道

10 工場法

11 足尾銅山

12 田中正造

13 大逆事件

14 幸徳秋水

明治時代の文化と学問

□15 岡倉天心とともに、日本美術の復興に努めたアメリカ人はだれか。

□16 【高村光雲　横山大観】は、15らとともに日本画の発展に努めた。

□17 フランスに留学し、印象派の画風を紹介した、右の絵画を描いた画家はだれか。

□18 『坊っちゃん』を著したのは【森鷗外　夏目漱石】である。

□19 『舞姫』を著したのは【森鷗外　夏目漱石】である。

□20 『たけくらべ』を著した女性作家はだれか。

□21 ドイツに留学し、破傷風の血清療法やペスト菌を発見したのはだれか。

□22 アメリカ留学後、アフリカで黄熱病の研究をしたのはだれか。

15 フェノロサ

16 横山大観
>解説 高村光雲は彫刻に欧米の手法を取り入れた。

17 黒田清輝
>解説 この絵画の作品名は「湖畔」。

18 夏目漱石

注意

19 森鷗外

20 樋口一葉

21 北里柴三郎

22 野口英世

💡 **思考力アップ！**

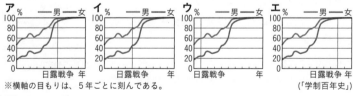

Ｑ 明治政府は教育によって人材を養成することにし、全国に小学校がつくられ、日露戦争後に義務教育の期間が6年に延長された。次のア〜エは男女の就学率の変化を表したグラフである。このグラフに日露戦争がおこった年を表す線を書き加えたものとして適当なものを、ア〜エから1つ選びなさい。　[福島]

※横軸の目もりは、5年ごとに刻んである。（「学制百年史」）

Ａ ア

>解説 学校教育が始まった当初、授業料は保護者の負担だったことから、就学率は低かった。日露戦争前の1900年に授業料が無償となったことから就学率が急速に上昇し、日露戦争後にはほぼ100％となった。

1 第一次世界大戦と戦後の世界

重要度
□□□

第一次世界大戦

□ 1 ドイツ・オーストリア・イタリアの間で【三国同盟　三国協商】が結ばれた。

□ 2 イギリス・フランス・ロシアの間で【三国同盟　三国協商】が結ばれた。

□ 3 地図中の **X** の半島の名を答えよ。

□ 4 3は、列強諸国の争いが絶えず、「【　　】」と呼ばれた。

□ 5 サラエボ事件をきっかけに、【　　】がおこった。

□ 6 5で登場した新兵器として正しくないものを次から1つ選べ。【飛行機　潜水艦　大砲　戦車】

☆7 【　　】を理由に、日本は連合国側で5に参戦した。

□ 8 5で日本は、ドイツの租借地であった【遼東半島　山東半島】の青島などを占領した。

☆9 1915年、日本は中国に【　　】を突きつけた。

□10 1917年、【　　】が連合国側で5に参戦した。

□11 1917年におきた社会主義革命を何というか。

□12 11を指導した中心人物はだれか。

□13 1922年に建国された、世界初の社会主義国の正式名称を答えよ。

戦後の国際関係

☆14 第一次世界大戦後、ドイツと連合国が結んだ講和条約を何というか。

☆15 1920年に発足した国際的な平和機関は何か。

□16 15の設立を提唱したのはだれか。

□17 15の初代事務局次長に就任した日本人はだれか。

---

1 三国同盟 ←

注意

2 三国協商 ←

3 バルカン半島

4 ヨーロッパの火薬庫

5 第一次世界大戦

解説 サラエボ事件は、セルビアの青年によるオーストリア皇位継承者夫妻の暗殺事件である。

6 大砲

7 日英同盟

8 山東半島

9 二十一か条の要求

10 アメリカ

11 ロシア革命

12 レーニン

13 ソビエト社会主義共和国連邦

14 ベルサイユ条約

15 国際連盟

16 ウィルソン

解説 アメリカ大統領。しかし、アメリカは議会の反対で参加しなかった。

17 新渡戸稲造

☐18 15の発足当時、イギリス・フランス・【　】・日本が常任理事国となった。

☐19【　】の原則にもとづき、東ヨーロッパで多くの国が独立した。

☐20 1919年にドイツで制定された、男女普通選挙や社会権を世界で初めて定めた憲法を何というか。

☐21 1919年に朝鮮の京城で始まった反日独立運動を【三・一独立運動　五・四運動】という。

☐22 1919年に中国の北京で始まった反日・反帝国主義運動を【三・一独立運動　五・四運動】という。

☐23 インドで、イギリスへの非暴力・不服従の抵抗運動を指導した右の人物はだれか。

☐24 1921〜22年、軍縮と日本の海外進出の抑制を目的に、アメリカで開催された国際会議を何というか。

地理

歴史

公民

18 イタリア

解説 ソ連、ドイツは当初国際連盟への加盟を認められなかった。

19 民族自決

20 ワイマール憲法

解説 労働者の団結権も盛り込まれていた。

21 三・一独立運動

注意

22 五・四運動

注意 朝鮮は植民地、中国は独立国であることに注目する。

23 ガンディー

24 ワシントン会議

✏ 記述力アップ！

Ⓠ 右の**グラフ**は、第一次世界大戦後〜第二次世界大戦開戦までの時期における日本の財政支出に占める軍事費の割合の推移を示している。グラフ中の**X**の時期の日本の財政支出に占める軍事費の割合が、ほかの時期と比べてどのようになっているかについて、次の**資料**からわかることに触れながら、「国際協調」の語句を用いて答えなさい。　　［埼玉］

グラフ

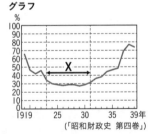

（「昭和財政史 第四巻」）

資料　1922年にワシントン会議で結ばれた条約のおもな内容

　基準の重量三万五千トンをこえる主力艦は、いずれの締約国も取得したり、建造したりすることはできない。

Ⓐ （例）軍縮と国際協調の気運が高まるなか、財政支出に占める軍事費の割合は低くなっている。

解説 1920年に発足した国際連盟で日本は常任理事国となり、国際協調路線をとった。

2 大正デモクラシーと大衆文化

重要度 ◻◻◻

大正デモクラシー

- ☐ 1 藩閥政治を打ち破り、立憲政治の確立を目ざす運動を何というか。

- ☐ 2 第一次 1 で退陣に追い込まれた長州藩出身の首相はだれか。

- ☐ 3 1 をきっかけに政党政治が発展し、民主主義が高まった風潮を何というか。

- ☆ 4 政治の目的を民衆の福利に置き、政策決定は民衆の意向によるべきとした考え方を何というか。

- ☆ 5 4 を唱えた政治学者はだれか。

- ☐ 6 天皇機関説を唱え、政党政治を理論的に支えた憲法学者はだれか。

- ☐ 7 第一次世界大戦中におこった好景気を何というか。

- ☐ 8 7 によって財閥の規模はさらに大きくなり、右の図のような【　　】も現れた。

- ☐ 9 第一次世界大戦中、ロシア革命の拡大を恐れた列強が行った軍事干渉を何というか。

- ☆ 10 9 を見越した商人が米を買い占め、米価が高騰したことで、全国でおきた暴動を何というか。

- ☐ 11 10 の責任を取って総辞職した寺内正毅内閣にかわって内閣を組織したのはだれか。

- ☆ 12 1925年、第二次 1 の結果、【　　】法が成立した。

- ☆ 13 12 法で選挙権を得たのはどのような人々か。

- ☆ 14 12 法と同時に制定された、共産主義などを取り締まる法律を何というか。

社会運動の高まりと大正時代の文化

☐15 労働条件の改善を求め、労働者はストライキな
どの【　】をおこすようになった。

☐16 農村では小作人が小作料の引き下げを求めて、
【　】をおこした。

☐17 女性の解放を目的とした右の雑誌
を創刊した人物はだれか。

☐18 1922年、部落差別からの解放を目
ざし結成された団体を何というか。

☐19 北海道では、1930年に北海道【　】
協会が結成され、民族の地位の向上を訴えた。

☐20 1923年9月におきた【　】では、地震後に発生
した火災が被害を大きくした。

☐21 1925年、【テレビ　ラジオ】放送が始まった。

☐22 『羅生門』『蜘蛛の糸』などの作品を発表した作家
はだれか。

15 労働争議

16 小作争議

17 平塚らいてう

解説▶ 1920年には、市川
房枝らとともに女性の参
政権獲得を目ざし、新婦
人協会をつくった。

18 全国水平社

19 アイヌ

20 関東大震災

21 ラジオ

注意 テレビ放送は1953
年に始まった。

22 芥川龍之介

✏ **記述力アップ！**

Q 次の**資料1**は原内閣と、その前の内閣である寺内内閣の構成を、**資料2**は原
内閣発足時における衆議院の政党別議員数を示す。原内閣が「本格的な政党内
閣」と呼ばれるのはなぜか。2つの資料を参考に簡潔に答えなさい。　　[奈良]

資料1

職名	寺内内閣	原内閣
内閣総理大臣	軍人	立憲政友会
陸・海軍大臣	軍人2名	軍人2名
外務大臣	官僚	官僚
その他大臣	官僚6名	立憲政友会6名

（「内閣制度百年史」）

資料2

立憲国民党┐

| 立憲政友会 164 | 憲政会 118 | 37 | 62 | 計 381名 |

その他┘
（「議会制度百年史」）

A （例）陸・海軍大臣と外務大臣以外のすべての大臣が、衆議院で最も多く議席
をもつ立憲政友会の党員で占められているから。

解説 米騒動の責任をとって総辞職した寺内内閣にかわって原内閣は組閣された。**資料1**
で寺内内閣との違いは、原内閣のその他大臣がすべて立憲政友会の党員であり、**資
料2**で立憲政友会は衆議院で最も議席数の多い政党であることが読み取れる。

3　世界恐慌とファシズムの台頭

世界恐慌

□ 1　1929年、【ニューヨーク　ロンドン】の株式市場で株価が大暴落し、アメリカの景気は急速に悪化した。

□ 2　1929年、アメリカでの株価の大暴落をきっかけに世界中に広がった不景気を何というか。

□ 3　アメリカ大統領【セオドア=ローズベルト　フランクリン=ローズベルト　ウィルソン】は積極的な経済政策をとり、不景気からの回復を図った。

□ 4　2に際して、3が行った経済政策を何というか。

□ 5　3はダム建設など【　　】をおこして雇用を増やしたり、農産物や工業製品の価格統制をした。

□ 6　2に際して、イギリスやフランスは【　　】との結びつきを強めた。

□ 7　2に際して、イギリスやフランスが行った、6との結びつきを強め、他国の製品を締め出す政策を何というか。

□ 8　右のグラフは、1929年の生産量を100とした場合の各国の鉱工業生産を指数で表したものである。2の影響を受けず、成長を続けているXの国はどこか。

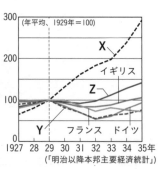

（年平均、1929年=100）

「明治以降本邦主要経済統計」

□ 9　8は1928年から、農業の集団化、重工業の拡大を進める「【　　】」を行っていた。

□ 10　【　　】は8で独裁体制をしき、「9」を実施した。

1　ニューヨーク

2　世界恐慌

3　フランクリン=ローズベルト

注意　セオドア=ローズベルトは日露戦争の講和会議の仲立ちをし、ウィルソンは国際連盟の設立を提唱した。

4　ニューディール(政策)（新規まき直し）

5　公共事業

6　植民地

7　ブロック経済

8　ソ連

解説　ソ連は社会主義国で、生産手段はすべて国有であることから倒産の心配もなかった。なお、Yはアメリカ、Zは日本である。

9　五か年計画

10　スターリン

解説　国の方針に否定的な人々を多数弾圧した。

ファシズムの台頭

☐11 1933年にドイツで首相となり、独裁体制をつくりあげた右の人物はだれか。

☐12 11が率いた政党の略称を答えよ。

☐13 1922年にイタリアで政権を握り、独裁政治を行った人物はだれか。

☐14 13が率いた政党を何というか。

☐15 1935年、13が侵略したアフリカの国はどこか。

☐16 民主主義や個人の自由を認めない、全体主義的な独裁政治を何というか。

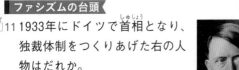

11 ヒトラー

12 ナチス(ナチ党)

13 ムッソリーニ

14 ファシスト党

15 エチオピア

16 ファシズム

日本の恐慌

☐17 1927年、日本では多くの銀行が休業に追い込まれる【昭和恐慌　金融恐慌】がおきた。

☐18 1930年、日本は金輸出を解禁したことで金が大量流出し、【昭和恐慌　金融恐慌】がおきた。

17 金融恐慌

注意

18 昭和恐慌

✏ 記述力アップ！

Q 金融恐慌について、**資料1**は預金を引き出すために、銀行に殺到する人々のようすを示したものであり、**資料2**は裏が印

資料1

資料2

刷されていない紙幣を示したものである。政府が**資料2**で示している紙幣を印刷した理由を、**資料1**と関連づけて答えなさい。

[新潟]

A （例）人々が銀行に殺到し預金を引き出したことで紙幣が不足したため、政府は大量の紙幣を急いで準備しなければならなかったから。

解説 資料1から、銀行では預金引き出しのために紙幣が不足すると考え、大量の紙幣印刷の必要性に触れる。第一次世界大戦後の日本では、ヨーロッパが復興しはじめたために輸出額は減少し、さらに関東大震災が日本経済に追い打ちをかけた。日本では、1929年におきた世界恐慌以前から不景気が始まっていた。

4 日本の中国侵略

重要度
🔖🔖🔖

満州事変

□ 1 中国東北部に駐留していた日本の陸軍部隊を何というか。

□ 2 1931年、1 が奉天郊外（フォンティエン）で南満州鉄道の線路を爆破した事件を【盧溝橋事件（ルー コウ チアオ）　柳条湖事件（リウティアオ フー）】という。

□ 3 2 を中国のしわざとして軍事行動をおこし、満州を占領したことを【　　】という。

□ 4 1932年、日本は【　　】の建国を宣言し、清の最後の皇帝だった溥儀（プイ）を元首としたが、実質的な支配権は日本が握（にぎ）っていた。

□ 5 4 の建国に対して、中国が日本の侵略（しんりゃく）であると国際連盟に訴（うった）えたため、国際連盟によって派遣（はけん）された右の調査団を何というか。

□ 6 満州を開拓（かいたく）するために、日本は満州への【　　】をおし進めた。

□ 7 1932年、海軍の青年将校らが【　　】首相を暗殺した。

□ 8 7 が暗殺された事件を何というか。

□ 9 8 によって、日本の【　　】内閣は途絶（とだ）えた。

□ 10 1933年、国際連盟が 4 を承認（しょうにん）せず、占領地からの日本軍の撤兵（てっぺい）を求める勧告を採択（さいたく）したことに対し、日本はどのような行動をとったか。

□ 11 1936年、陸軍の青年将校に率（ひき）いられた部隊が首相官邸（かんてい）などを襲撃（しゅうげき）した事件を何というか。

---

1 関東軍

2 柳条湖事件
注意 盧溝橋事件は日中戦争の契機（けいき）となった事件。

3 満州事変

4 満州国

5 リットン調査団

6 移民

7 犬養毅（いぬかいよし）

8 五・一五事件 ←---┐

9 政党　　　**注意**

10 国際連盟脱退（だったい）

11 二・二六事件 ←
解説 これ以降、軍部は政治への発言力をいっそう強めた。

日中戦争

□12 1937年におきた日中両軍の軍事衝突を【盧溝橋事件　柳条湖事件】という。

□13 12がおきた場所を地図中のア～エから1つ選べ。

□14 12をきっかけに1937年に始まった戦争を何というか。

□15 ①【蔣介石　毛沢東】率いる中国国民党と②【蔣介石　毛沢東】率いる中国共産党は、日本との戦争のために協力することを決め、③【　　】を結成した。

□16 日本軍が一般市民も多数殺害した【　　】をおこしたことで、日本は国際的な非難を浴びた。

□17 16がおきた場所を地図中のア～エから1つ選べ。

□18 1940年、日本ではほとんどの政党や政治団体が解散して、【　　】が結成された。

□19 戦争の長期化で食料や衣料などが不足し、その購入には【　　】制や切符制がとられた。

□20 植民地における日本語の使用の強要などによる日本への同化政策を【　　】政策という。

---

12 盧溝橋事件
注意 柳条湖事件は満州事変の発端。

13 イ
解説 盧溝橋事件は北京郊外でおきた。

14 日中戦争 注意

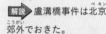

15 ① 蔣介石 ←┐
② 毛沢東 ←┘
③ 抗日民族統一戦線

16 南京事件

17 ウ

18 大政翼賛会

19 配給

20 皇民化

記述力アップ！

Q 次の文中の□□にあてはまる内容を、あとの語群のことばをすべて用いて、15字以上20字以内で答えなさい。　［愛知］

> 1938年、近衛文麿内閣のもとで国家総動員法が制定された。この法律によって、政府は戦争のために、□□ことができるようになった。

《語群》 動員　議会　労働力や物資

A （例）議会の承認なしに労働力や物資を動員する（19字）

解説 国家総動員法は日中戦争の長期化に対し、国家が総力戦で臨むために制定された。「国家総動員法」であるので、"労働力や物資"を"動員"であると考え、そのうえで、議会に対し内閣がどのような立ち位置を求めるのかを推測する必要がある。

5 第二次世界大戦と太平洋戦争

重要度
■■■

第二次世界大戦の始まり

□ 1 1939年、ドイツはソ連との国境の安全を確保するため、独ソ【中立　不可侵】条約を結んだ。

□ 2 第二次世界大戦のきっかけとなったドイツが侵攻した国を地図中のア〜エから1つ選べ。

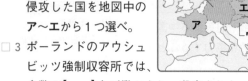

□ 3 ポーランドのアウシュビッツ強制収容所では、多数の【　　】人が働かされ、殺害された。

□ 4 ドイツに対してヨーロッパ各地でおきた抵抗運動を何というか。

□ 5 ドイツ・イタリア・日本は当時何と呼ばれていたか、漢字3字で答えよ。

□ 6 1940年、5が結んだ軍事同盟を何というか。

□ 7 1941年、アメリカとイギリスが第二次世界大戦後の平和構想を示した共同宣言を何というか。

□ 8 1941年、日本はソ連と日ソ【　　】条約を結んだ。

□ 9 インドシナへ軍を進めた日本に対して、アメリカなど4か国が行った経済封鎖を何というか。

□10 日米交渉が失敗に終わり、【　　】内閣はアメリカとの戦争を決断した。

□11 1941年12月、日本軍は、アメリカ軍基地があるハワイの【　　】を奇襲攻撃した。

□12 日本軍の11の奇襲攻撃とマレー半島上陸から【　　】が始まった。

□13 日本は、東アジア・東南アジアを欧米の支配から解放し、【　　】をつくることを説いた。

□14 1942年、【　　】の敗北以降、日本は劣勢となった。

---

1 **不可侵**
注意 日ソ中立条約と混同しない。

2 **エ**
解説 エはポーランドである。

3 **ユダヤ**

4 **レジスタンス**

5 **枢軸国**

6 **日独伊三国同盟**

7 **大西洋憲章**
解説 国際連合成立のもととなった。

8 **中立**
注意 独ソ不可侵条約と混同しない。

9 **ABCD包囲網**
解説 ABCD包囲陣ともいう。ABCDはアメリカ(America)・イギリス(Britain)・中国(China)・オランダ(Dutch)の頭文字。

10 **東条英機**

11 **真珠湾**

12 **太平洋戦争**

13 **大東亜共栄圏**

14 **ミッドウェー海戦**

第二次世界大戦の終結

15 労働力が不足し、中学生や女学生も【　　】され、軍需工場（ぐんじゅ）で働いた。

16 1944年にアメリカに占領（せんりょう）された右の地図中のXの島の名を答えよ。

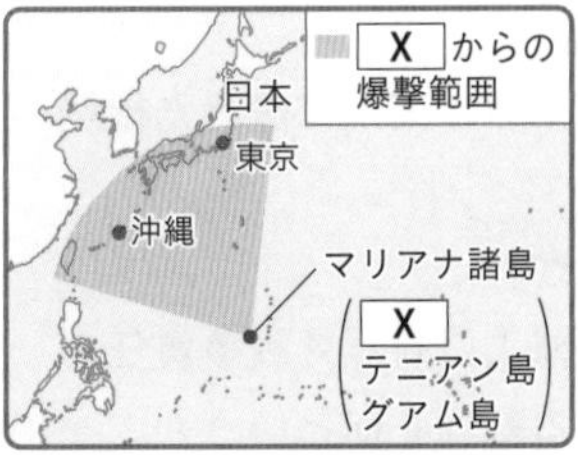

X からの爆撃範囲

日本
東京
●沖縄
マリアナ諸島
X
テニアン島
グアム島

17 16を基地として、アメリカは日本本土への【　　】を本格化した。

18 17を避け、都市部の小学生を学校単位で地方に避難（ひなん）させたことを何というか。

19 1945年、ソ連の対日参戦などを決定したイギリス・アメリカ・ソ連の首脳会談を何というか。

20 1945年3月、アメリカ軍が【　　】に上陸し、県民を巻き込（こ）む地上戦が行われた。

21 日本に無条件降伏を勧告する宣言を何というか。

22 原子爆弾（ばくだん）が投下された都市名を2つ答えよ。

23 1945年8月8日に日本に宣戦布告した国を答えよ。

---

15 勤労動員

16 サイパン島

17 空襲（くうしゅう）

解説 地図中の扇形（おうぎがた）がサイパン島からの爆撃範囲（ばくげきはんい）。

18 学童疎開（そかい）（集団疎開）

19 ヤルタ会談

20 沖縄

21 ポツダム宣言

22 広島・長崎

23 ソ連

思考力アップ！

Q 図1は東京で行われた学徒出陣壮行会（しゅつじんそうこうかい）のようすである。図1が撮影（さつえい）された時期として適切なものを図2中のア〜エから1つ選びなさい。[栃木]

図1

（「写真週報」）

図2

盧溝橋事件（ろこうきょう）（ルーコウチアオ）
↓ **ア**
真珠湾攻撃（しんじゅわんこうげき）
↓ **イ**
ミッドウェー海戦
↓ **ウ**
ポツダム宣言の受諾（じゅだく）
↓ **エ**
警察予備隊の創設

A ウ

解説 ミッドウェー海戦での敗北を境に戦況（せんきょう）が悪化した日本では、1943年、徴兵（ちょうへい）を猶予（ゆうよ）されていた文科系の学生も軍に召集（しょうしゅう）されるようになった。また、1944年にサイパン島をアメリカ軍に占領されると、サイパン島から爆撃機が出撃して本土空襲が本格化し、都市部の児童は学童疎開で地方に疎開させられるようになった。1945年のできごとも時系列で整理し、並べかえ問題にも対処できるようにしておきたい。

1 日本の民主化と世界の動き

重要度
□□□

占領下の日本と国際情勢

□1 連合国軍が日本占領のために東京に設けた機関を何というか。

□2 1の最高司令官はだれか。

□3 東条英機らA級戦争犯罪人に対して戦争責任を追及した、連合国による裁判を何というか。

□4 1は【　　】を指示し、日本の帝国主義を支えてきた三井・三菱などに解散を命じた。

□5 地主から強制的に政府が土地を買い上げ、小作人に優先的に安く売り渡す【　　】が行われた。

□6 9年間の義務教育、男女共学などを規定した、教育に関する法律を何というか。

□7 第二次世界大戦後に始まった、資本主義陣営と社会主義陣営の国際的緊張状態を何というか。

□8 1949年、中国共産党が建国した国の名を答えよ。

□9 【　　】が始まると、1は日本の治安維持のために警察予備隊をつくらせた。

□10 警察予備隊は1954年に【　　】に改組された。

独立の回復と国際社会

□11 右の写真は日本と連合国の間での【　　】調印のようすである。

□12 右の写真で11に調印している、当時の日本の首相はだれか。

□13 11と同時に【　　】が結ばれ、独立回復後もアメリカ軍基地が日本に残ることになった。

□14 1956年、【　　】の調印後、日本の国際連合加盟が実現した。

1 連合国軍最高司令官総司令部（ＧＨＱ）

2 マッカーサー

3 極東国際軍事裁判（東京裁判）

4 財閥解体

5 農地改革
注意 明治時代の地租改正と混同しない。

6 教育基本法

7 冷たい戦争（冷戦）

8 中華人民共和国

9 朝鮮戦争

10 自衛隊

11 サンフランシスコ平和条約

12 吉田茂

13 日米安全保障条約

14 日ソ共同宣言
解説 ソ連はサンフランシスコ平和条約に調印せず、日本の国連加盟に反対し、国連安全保障理事会で拒否権を行使していた。

☐15 1955年、新しく独立した国々がインドネシアで【　　】を開き、平和共存を訴えた。

☐16 1955年、自由民主党が結成され、以後社会党と対立しながら政権をとり続けた体制を何というか。

☐17 1960年の13改定に反対する【　　】がおきたが、13は改定され、日米関係は強化された。

☐18 1960年に池田勇人内閣が掲げた、経済成長政策のスローガンを何というか。

☐19 1965年、アメリカは【　　】戦争を激化させた。

☐20 1965年、日本は韓国と【　　】を結び、国交を正常化した。

☐21 1972年、【　　】内閣のときに、アメリカの統治下にあった沖縄が日本に復帰した。

☐22 1972年、【日中平和友好条約　日中共同声明】が発表され、中国との国交が正常化した。

☐23 1973年、第四次中東戦争をきっかけに【　　】がおこり、日本の高度経済成長は終わった。

| 地理 | 歴史 | 公民 |

15 アジア・アフリカ会議（バンドン会議）

16 55年体制

17 安保闘争

18 所得倍増

19 ベトナム

20 日韓基本条約
　解説　北朝鮮とは現在も正式な国交はない。

21 佐藤栄作

22 日中共同声明
　注意　日中平和友好条約は1978年。

23 石油危機（オイルショック）

💡 思考力アップ！

Q 次のA〜Cは、それぞれ、1965年から1969年、1970年から1974年、1975年から1979年における、わが国の経済成長率の推移を表したグラフのいずれかにあたる。年代の古い順に並べかえなさい。　　　　　　　　　　［愛媛］

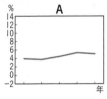
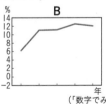
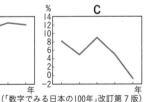

（「数字でみる日本の100年」改訂第7版）

A B→C→A

　解説　日本の高度経済成長は1973年の石油危機によって終わる。経済成長率が高いBは1965年から1969年、最終年にマイナス成長に落ち込んでいるCは石油危機の影響が翌年に反映されていると考え、1970年から1974年であると判断する。

2　世界の変化と日本の課題

重要度

冷戦後の国際情勢

□ 1　1989年にアメリカとソ連の首脳が冷戦の終結を宣言した、右の写真の会談を何というか。

□ 2　冷戦後の経済活動の活発化に伴う、国の枠組みをこえた一体化の動きを【　　　】化という。

□ 3　地域統合の動きも活発化し、ヨーロッパでは1993年に【　　　】が発足した。

□ 4　1989年に発足した、アジア・太平洋地域の緩やかな地域協力の枠組みを何というか。

□ 5　暴力的な手段を用いて恐怖心をあおり、政治目的を実現しようとすることを何というか。

□ 6　イラクがクウェートに侵攻したことで、1991年に多国籍軍が派遣された戦争を何というか。

□ 7　2001年、【　　　】が発生し、アメリカは首謀者をかくまっているとしてアフガニスタンを攻撃した。

□ 8　2003年、大量破壊兵器を保有しているとして、アメリカなどが攻撃して【　　　】がおこった。

□ 9　国際連合が地域紛争の沈静化や拡大防止、平和維持を目的に行う活動を何というか。

□ 10　2008年、アメリカでのリーマン–ショックをきっかけに【　　　】がおこった。

日本の課題

□ 11　1980年代後半に日本でおこった、地価や株価の上昇による実態の伴わない好景気を何というか。

□ 12　11崩壊後、長い不景気が続き、都市と地方、正規雇用と非正規雇用など、【　　　】が拡大した。

1　マルタ会談
解説 マルタは地中海にある島国。

2　グローバル

3　ヨーロッパ連合 (EU)

4　アジア太平洋経済協力(会議)(APEC)

5　テロリズム(テロ)

6　湾岸戦争

7　同時多発テロ
注意

8　イラク戦争

9　平和維持活動 (PKO)

10　世界金融危機
解説 ヨーロッパ諸国にも大きな影響が出た。

11　バブル経済
解説 実態を伴わずに泡(バブル)のようにふくらんだ経済。

12　格　差

13 1993年に「55年体制」は終わり、2009年に【　　】党を中心とする政権交代がおこったが、2012年には自民党を中心とする政権に戻った。

14 1995年には①【　　】、2011年には②【　　】がおこり、防災の重要性が明らかになっている。

世界の課題

15 温室効果ガスの増加が原因とされる地球規模の環境問題を漢字5字で答えよ。

16 将来の世代の幸福と現在の幸福とが両立できる社会を何というか。

17 右の図は2015年の国連サミットで採択された【　　】の17の目標を表している。

地理

歴史

公民

13 民主

14 ① 阪神・淡路大震災

② 東日本大震災

15 地球温暖化

解説 2015年、温室効果ガス削減の世界的な取り決めである、パリ協定が採択された。

16 持続可能な社会

17 持続可能な開発目標(SDGs)

💡 思考力アップ！

Q 図1は、1985〜1995年までの国際連合の加盟国総数の推移を示す。図1中のXの期間に加盟国総数が大幅に増加している理由について考察した次の文中の Y に適切な語を、 Z に適切な文を補い、完成させなさい。

[山口]

図1　国際連合の加盟国総数の推移

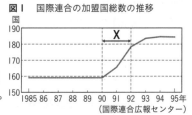

（国際連合広報センター）

　図2のできごとをふまえると、図1中のXの期間に国際連合の加盟国総数が大幅に増加しているおもな理由は、1989年に Y が終結し、Xの期間に Z ことによって、多くの国々が独立を果たして国際連合に加盟したからと考えられる。

図2

ベルリンの壁の崩壊
(1989年)

A Y 冷たい戦争(冷戦)　Z （例）ソ連が解体した

解説 1989年、ベルリンの壁が崩壊し、同じ年にマルタ会談でアメリカとソ連の首脳が冷戦の終結を宣言した。翌年、東西ドイツが統一した。1991年にソ連は解体され、ロシア連邦などに分かれた。

1 外交史

重要度 ☐☐☐

原始〜近世の外交

☐ 1 倭についての記述が見られる次の**ア〜エ**を、つくられた順に並べかえよ。

ア 『魏志』倭人伝　　**イ** 『漢書』地理志
ウ 『宋書』倭国伝　　**エ** 『後漢書』東夷伝

☐ 2 607年、聖徳太子(厩戸皇子)は【　　】を遣隋使として派遣し、皇帝に国書を送った。

☐ 3 唐から帰国した留学生らが伝えた政治制度などの知識にもとづき、中大兄皇子らが行った政治改革を何というか。

☐ 4 663年、白村江の戦いで日本が再興しようとした国を地図中の**ア〜ウ**から1つ選べ。

☐ 5 13世紀、元の皇帝フビライ=ハンの朝貢要求を拒否した鎌倉幕府の執権はだれか。

☐ 6 15世紀初め、明との貿易を開始したのはだれか。

☐ 7 明との貿易では【　　】の船と区別するために勘合が用いられた。

☐ 8 【　　】の命令による2度の侵略で、日本は朝鮮と国交が断絶していたが、17世紀に対馬藩の仲立ちで国交が回復した。

☐ 9 近海に出没する外国船への対応について、1825年に幕府が出した法令を何というか。

☐ 10 9を改め、薪水給与令を出したのはだれか。

近代〜現代の外交

☐ 11 1858年、朝廷の許可を得ないまま、日米修好通商条約を結んだ幕府の大老はだれか。

---

1 イ→エ→ア→ウ

2 小野妹子

3 大化の改新

4 イ
解説 イは百済。唐とウの新羅の連合軍に日本は大敗した。アは高句麗。

5 北条時宗

6 足利義満

7 倭寇

8 豊臣秀吉
解説 朝鮮侵略の1度目は文禄の役、2度目は慶長の役。

9 異国船打払令

10 水野忠邦
解説 アヘン戦争で清がイギリスに敗北したことを知り、方針を転換した。

11 井伊直弼

12 1871年、不平等条約改正の予備交渉のために
【　　】使節団が欧米に派遣された。

13 1894年、陸奥宗光外務大臣がイギリスとの間で
【　　】に成功した。

14 1895年、日本に対し遼東半島の清への返還を
迫った国としてあてはまらないのは、【フランス
ロシア　イギリス　ドイツ】である。

15 1905年、韓国を保護国とした日本が、初代韓国
統監として派遣したのはだれか。

16 1920年、国際連盟の初代事務局次長に就任した
のはだれか。

17 右の資料は、国際連盟総会が【　　】
を承認せず、日本軍の撤兵を求めた
ため、日本が国際連盟を脱退したこ
とを報じる新聞の見出しである。

総会、勧告書を採択し
我が代表堂々退場す
四十二対一票　棄権一

18 第二次世界大戦後、日本を占領統治
した組織を何というか。

19 1951年、【　　】に調印し、翌年日本
は独立を回復した。

20 1972年、アメリカの統治のもとに置かれていた
【　　】が日本に復帰した。

12 岩倉

13 領事裁判権(治外法
権)の撤廃

14 イギリス
解説 三国干渉という。
遼東半島返還後、ロシア
が遼東半島の旅順と大連
を租借したため、国民の
反露感情が高まった。

15 伊藤博文

16 新渡戸稲造

17 満州国

18 連合国軍最高司
令官総司令部
(GHQ)

19 サンフランシスコ
平和条約

20 沖縄

記述力アップ！

Q 日本は1894年にイギリスとの交渉で領事裁判権(治外法権)の撤廃に成功した。
イギリスが領事裁判権の撤廃に応じた背景を、わが国の制度やしくみの変化
に触れて答えなさい。　　　　　　　　　　　　　　　　　　　　[熊本]

A (例)内閣制度が創設され、大日本帝国憲法が制定されるなど、近代国家とし
てのしくみが整ってきたから。

解説 問題文にある「わが国の制度やしくみの変化に触れて」という条件を満たす答えにす
る必要がある。また、ノルマントン号事件をきっかけに、領事裁判権の撤廃を要求
する世論が高まっていたこと、ロシアの南下政策に対抗するために、イギリスが日
本に歩み寄ったことなども背景にあったことを覚えておきたい。

2　文化史

重要度 ▢▢▢

原始～中世の文化

□ 1　縄文時代に祈りのために使われたと考えられる右の写真のような土製品を何というか。

□ 2　法隆寺は、現存する世界最古の【　　】である。

□ 3　奈良時代、仏教の力で国を救おうと、東大寺の建立や大仏の造立などを命じた天皇はだれか。

□ 4　東大寺の大仏造立に協力した僧はだれか。

□ 5　平安時代初期に、唐から帰国した最澄が開いた仏教の宗派を何というか。

□ 6　平安時代中期に、紫式部が書いた長編小説を何というか。

□ 7　平安時代末期に、奥州藤原氏が浄土へのあこがれから平泉に建てた阿弥陀堂を何というか。

□ 8　鎌倉時代、【紀貫之　藤原定家】は『新古今和歌集』を編集した。

□ 9　鎌倉時代、栄西や道元は【　　】から禅宗を伝えた。

□ 10　室町時代前期、足利義満は京都の北山に【　　】を造営した。

□ 11　室町時代中期、武士の住宅に広がった、床の間や違い棚などが見られる建築様式を何というか。

□ 12　応仁の乱で中断していたが、町衆が復活させた京都の祭りを何というか。

近世～近現代の文化

□ 13　【　　】は白鷺城とも呼ばれ、日本で初めて世界文化遺産に登録された城である。

□ 14　安土桃山時代には、ヨーロッパの影響を受けた【　　】文化も見られる。

1　土偶
注意　古墳の上や周りに並べられた土製品は埴輪。

2　木造建築（物）

3　聖武天皇

4　行基

5　天台宗
注意　ともに唐に渡った空海が開いたのは真言宗。

6　源氏物語

7　中尊寺金色堂

8　藤原定家
注意　紀貫之は平安時代に『古今和歌集』を編集した。

9　宋

10　金閣

11　書院造

12　祇園祭

13　姫路城

14　南蛮

15 江戸時代前期、人形浄瑠璃の脚本で人気を集めたのはだれか。

16 松尾芭蕉は【　　　】を芸術の域にまで高めた。

17 ①【　　　】や前野良沢らは、右の『解体新書』を出版し、②【　　　】の基礎を築いた。

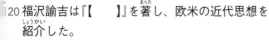

18 「東海道五十三次」の浮世絵で人気を集めた絵師はだれか。

19 明治時代初期に欧米の生活様式が流入し、大きな変化が見られたことを何というか。

20 福沢諭吉は『【　　　】』を著し、欧米の近代思想を紹介した。

21 明治時代、フェノロサとともに日本美術の復興に力を尽くした日本人はだれか。

22 北里柴三郎は【赤痢菌　破傷風　黄熱病】の血清療法を発見した。

23 1925年、【　　　】放送が始まった。

地理
歴史
公民

15 近松門左衛門

16 俳諧

17 ① 杉田玄白
　　② 蘭学

18 歌川広重
解説 葛飾北斎は風景画の「富嶽三十六景」、喜多川歌麿は美人画の「ポッピンを吹く女」が有名。

19 文明開化

20 学問のすゝめ

21 岡倉天心

22 破傷風
注意 赤痢菌の発見は志賀潔、黄熱病の研究は野口英世。

23 ラジオ

記述力アップ！

Q 資料は、天平文化を代表する正倉院宝物の「螺鈿紫檀五絃琵琶」と「瑠璃坏」である。資料から読み取れる天平文化の特色を答えなさい。ただし、「遣唐使」の語句を使うこと。
[鹿児島]

A （例）インドや西アジアなどの影響を受けた文物が遣唐使を通じてもたらされるなど、国際色豊かな文化であった。

資料

螺鈿紫檀五絃琵琶	瑠璃坏

・5弦の琵琶はインドが起源といわれている。 ・中国でつくられたと考えられている。	・西アジアでつくられたガラスに、中国で銀の脚をつけたと考えられている。

解説 「中国でつくられた」「中国で銀の脚をつけた」という説明があることに注目する。当時の唐は、シルクロードなどを通じてインドや西アジアとの交流もさかんだった。

3 社会経済史

重要度 ▢▢▢

原始〜中世の社会経済

□ 1 弥生時代に米を保管した右の写真の建築物を何というか。

□ 2 天武天皇のときに発行された日本最古とされる貨幣を何というか。

□ 3 708年、日本初の流通貨幣【　　】が発行された。

☆ 4 奈良時代、6年ごとにつくられた①【　　】にもとづき6歳以上の男女に②【　　】が与えられた。

□ 5 奈良時代、成年男子に課された労役にかわって都に布を納める税を何というか。

☆ 6 743年、開墾を奨励するため、開墾した土地の私有を認める【　　】が制定された。

☆ 7 鎌倉幕府において、荘園や公領の年貢の取り立てを行った役職を何というか。

□ 8 鎌倉時代、近畿地方では米の裏作に麦を栽培する【　　】が行われるようになった。

□ 9 【　　】が鎌倉時代には月3回、室町時代には月6回開かれた。

□ 10 鎌倉〜室町時代、商人や手工業者は【　　】と呼ばれる同業者組合をつくり、営業を独占した。

□ 11 室町時代に高利貸しを営んだ業者を2つ答えよ。

□ 12 貨幣は平安時代末期には①【明　宋】、室町時代には②【明　宋】から大量に輸入された。

□ 13 室町時代、徳政を求めて農民らが【　　】をおこすようになった。

近世〜現代の社会経済

☆ 14 織田信長は安土城下に【　　】を出し、自由に商工業を行うことを奨励した。

---

1 高床倉庫

2 富本銭

3 和同開珎
解説 平城京や畿内以外ではあまり流通しなかった。

4 ① 戸籍
　② 口分田

5 庸
注意 都に特産物を納める調と混同しない。

6 墾田永年私財法

7 地頭

8 二毛作

9 定期市

10 座
注意 江戸時代の株仲間と混同しない。

11 土倉・酒屋

12 ① 宋　② 明
解説 貿易のおもな輸入品だった。

13 土一揆（徳政一揆）

14 楽市令

□15 豊臣秀吉が行った土地調査を何というか。

□16 江戸時代の同業者組合を何というか。

□17 諸藩が大阪などに置いた、米や特産物を保管・販売するための施設を何というか。

□18 商人が道具などを百姓に貸し与え、製品を買い上げる生産方式を【 】という。

□19 明治時代、殖産興業を目ざし、政府が各地に欧米の技術を導入して建設した工場を何というか。

□20 明治政府の財政の安定を図るために、1873年から【 】が行われた。

□21 19の払い下げを受けた三井や三菱などはやがて【 】に成長した。

□22 戦後GHQの指令のもと、農村の民主化を図るために行われた土地制度改革を何というか。

□23 1973年におこった第四次中東戦争によって原油価格が高騰し、日本経済に大きな影響を与えたできごとを何というか。

15 太閤検地

16 株仲間

17 蔵屋敷

18 問屋制家内工業

解説 19世紀には工場制手工業(マニュファクチュア)に進化した。

19 官営模範工場

20 地租改正 ←……

21 財閥 注意

22 農地改革 ←……

23 石油危機(オイルショック)

✎ 記述力アップ！

Q 平安時代中期には、朝廷の行事や寺社の修繕などの際、その費用を納めた見返りに、国司になろうとする者がいた。その理由を、右の**資料**をもとに、大宝律令が制定されたときと平安時代中期の税の決められ方の違いに触れて答えなさい。 [石川]

資料

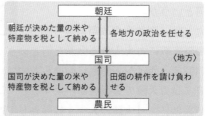

朝廷
├ 朝廷が決めた量の米や特産物を税として納める
├ 各地方の政治を任せる
国司　〈地方〉
├ 国司が決めた量の米や特産物を税として納める
├ 田畑の耕作を請け負わせる
農民

A （例）**大宝律令が制定されたときは、戸籍にもとづいて税が決定されたが、平安時代中期には国司が税を決め、朝廷に納めるべき量以外は自分のものにできたから。**

解説 平安時代中期、朝廷は国司に地方政治を任せていた。**資料**中の〈地方〉には「国司が決めた量の米や特産物」とあり、税の決定権も国司が握っていたことがわかる。地方政治をほしいままにできたため、国司に任じられることを希望する下級貴族は多かった。

127

4 世界史

重要度

紀元前～16世紀の世界

□ 1 太陽暦がつくられた文明を何というか。

□ 2 モヘンジョ−ダロは【　　】文明の遺跡である。

□ 3 漢字のもととなった文字を何というか。

□ 4 中国とその西方を結ぶ陸の交通路を何というか。

□ 5 紀元前8世紀、ギリシャには数多くの【　　】
　　（都市国家）が誕生した。

□ 6 紀元前6世紀、ローマは①【帝政　共和政　民
　　主政】になったが、紀元前1世紀には②【帝政
　　共和政　民主政】に移行した。

□ 7 中世、カトリック教会の最高地位である【　　】
　　は国王をしのぐ権力をもっていた。

□ 8 7は聖地奪還のために【　　】を派遣した。

□ 9 文芸復興とも呼ばれ、14世紀に西ヨーロッパで
　　おきた新しい文化の動きを何というか。

□10 右の絵画を描いたのはだれか。

□11 カトリック教会を批判し、ルター
　　やカルバンがおこした革新運動を
　　何というか。

□12 カトリック教会の改革に取り組み、
　　海外布教に力を入れた会派を何というか。

□13 1492年、西インド諸島に到達したのはだれか。

□14 アメリカ大陸で労働者が不足すると、ヨーロッ
　　パ人は【　　】大陸の人々を奴隷として連行した。

17世紀～19世紀の世界

□15 17世紀半ばに【　　】がおこり、イギリスは王政
　　を廃止し、共和政となった。

□16 イギリスでは、名誉革命で王の権限を制限する
　　【　　】が出された。

---

1 エジプト文明

2 インダス

3 甲骨文字

4 シルクロード
　（絹の道）

5 ポリス

6 ① 共和政
　② 帝　政

7 ローマ教皇

8 十字軍

解説 イスラム勢力に占
領された聖地エルサレム
を奪還しようとしたが失
敗に終わった。

9 ルネサンス

10 レオナルド=
　ダ=ビンチ

11 宗教改革

12 イエズス会

解説 1549年、フランシ
スコ=ザビエルが来日した
のも、イエズス会の海外
布教の一環である。

13 コロンブス

14 アフリカ

15 ピューリタン革命
　（清教徒革命）

16 権利(の)章典

17 右の絵は、【　　】前の重税に苦しむ平民を描いたものである。

18 17の際に、国民議会が発表した、自由と平等をうたった文書を何というか。

19 イギリスで始まった、機械の発明や改良による大きな社会の変革を何というか。

20 19によって、生産手段をもつ者が労働者を雇って利益の拡大を目ざす【　　】主義が確立した。

21 1840年におきた、清とイギリスの戦争を何というか。

22 ①【　　】が大統領に当選すると、1861年、アメリカ国内を二分する②【　　】が始まった。

23 プロイセンのビスマルク首相は1871年、プロイセンの国王を皇帝とする【　　】を成立させた。

17 **フランス革命**

18 **人権宣言**

19 **産業革命**

20 **資本**

21 **アヘン戦争**
解説 敗北した清は不平等な内容の南京条約を結ぶことになった。

22 ① **リンカン**
　　② **南北戦争**
解説 戦争中、リンカンは奴隷解放宣言を出した。

23 **ドイツ帝国**

地理 歴史 公民

 記述力アップ！

Q 18世紀、北アメリカでは、イギリスの植民地が本国であるイギリスに対してアメリカ独立戦争をおこした。**資料**は、アメリカ独立戦争に関するできごとを示している。アメリカ独立戦争で植民地側がイギリスに勝利した理由を、**資料**から考えられる、イギリスとフランスの関係に関連づけて簡潔に答えなさい。　[静岡]

資料

1754年	北アメリカの支配をめぐる、イギリスとフランスの戦争開戦
1763年	イギリスがフランスに勝利し、北アメリカでの支配地を拡大
1775年	アメリカ独立戦争開戦
1778年	フランスが植民地側で参戦
1783年	イギリスが植民地の独立を承認

A （例）イギリスと対立していたフランスが植民地側に立って参戦したから。

解説 **資料**から、イギリスとフランスはアメリカ独立戦争以前から北アメリカの支配をめぐって対立しており、イギリスが優位に立っていたことが読み取れる。フランスは植民地が独立することでイギリスの国力が低下することを期待し、植民地側で参戦した。しかし、戦費負担はフランスの財政を圧迫し、フランス革命の遠因となった。

歴史　**図表でチェック**

問題▶ 図や表を見て、＿＿にあてはまる語句や数値を答えなさい。

1 旧石器時代～古墳時代の遺跡

□(1) ①**岩宿** 遺跡から、日本で初めて打製石器が出土した。

□(2) ②**三内丸山** 遺跡は、縄文時代最大級の集落遺跡、③**吉野ヶ里** 遺跡は戦いの跡が見られる弥生時代の遺跡である。

□(3) ④**大仙** 古墳（仁徳陵古墳）は日本最大の前方後円墳である。

2 律令国家のしくみ

□(1) 中央には、⑤**太政官** と神祇官の2官が置かれ、⑤ の下に8省が設けられた。

□(2) 地方には中央貴族が ⑥**国司** として派遣された。

□(3) 九州には、東アジアとの外交や防衛にあたる ⑦**大宰府** が置かれた。

		中務省
神祇官		式部省
		治部省
		民部省
天皇	⑤	兵部省
		刑部省
		大蔵省
		宮内省
	〈地方〉	国 — 郡 — 里
五衛府	〈九州〉	⑥ 郡司 里長
	⑦	国 — 郡 — 里

3 8世紀の東アジア

□(1) ⑧**新羅** との関係が悪化したため、⑨**遣唐使** は危険な南路をとるようになった。

□(2) 唐の都 ⑩**長安** は国際都市として栄え、⑪**シルクロード（絹の道）** を通って、西方の文物が日本に伝わってきた。

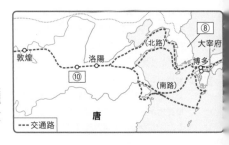

4 都の移り変わり

(1) ⑫<u>藤原京</u> は持統天皇のときに完成した、日本で初めての本格的な都である。

(2) ⑬<u>平城京</u> に都が置かれていた奈良時代に、⑭<u>聖武</u>天皇は遷都を繰り返した。

(3) ⑮<u>平安京</u> は、桓武天皇が遷都してから明治時代まで、1000年以上都であり続けた。

京都府
⑮（794～1869年）
大津宮（667～672年）
滋賀県
長岡京（784～794年）
紫香楽宮（745年）
恭仁京（741～742年）
大阪府
難波宮（645～655年、744～755年）
⑬（710～784年）
⑫（694～710年）

0 10km

— 古代の道
奈良県

5 武士の反乱

(1) 10世紀、関東地方で ⑯<u>平将門の乱</u> が、瀬戸内地方で ⑰<u>藤原純友の乱</u> がおきた。

(2) 11世紀、東北地方でおきた ⑱<u>前九年合戦</u> と ⑲<u>後三年合戦</u> をしずめた源氏は、東国に勢力をのばした。

(3) 12世紀、京都でおきた ⑳<u>保元の乱</u> と ㉑<u>平治の乱</u> に勝利した平清盛が実権を握った。

⑲（1083～87年）
⑳（1156年）
⑱（1051～62年）
㉑（1159年）
⑰（939～941年）
京都
⑯（935～940年）

6 封建制度の主従関係

(1) 将軍と主従関係を結んだ武士を ㉒<u>御家人</u> という。

(2) 将軍は ㉓<u>御恩</u> として、㉒ の領地を保障したり、手柄を立てれば恩賞として領地を与えたりした。

(3) ㉒ は ㉔<u>奉公</u> として、将軍に忠誠を尽くし、戦いがあれば命がけで戦った。

主従関係

| 将軍 | ● 守護、地頭の任命 ● 領地を与える ㉓ → | ㉒ |
| | ㉔ ● 忠誠を尽くす ● 戦いに出る ● 大番役などの奉仕 | |

7 大西洋の三角貿易

- □(1) 16世紀、アメリカ大陸は ㉕**スペイン** を中心とするヨーロッパの ㉖**植民地** となった。

- □(2) ㉗**銀** の鉱山や農園で働かせた先住民が病気や重労働で激減したため、アフリカから多くの人々を連れてきて ㉘**奴隷** とした。

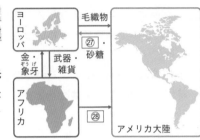

ヨーロッパ → 毛織物 →
金・象牙 ／ 武器・雑貨
㉗ ・ 砂糖
アフリカ
㉘
アメリカ大陸

8 織田信長の統一事業

- □(1) 室町幕府を滅ぼし、さらに、大量の鉄砲を使い ㉙**長篠の戦い** で武田の軍を破った。

- □(2) キリスト教を保護する一方、㉚**比叡山延暦寺** を焼き討ちにしたり、㉛**石山本願寺** を攻めるなど、敵対する仏教勢力を弾圧した。

- □(3) ㉜**安土** に城を築き、商業活動を活発化させるため、城下で ㉝**楽市・楽座** を行った。

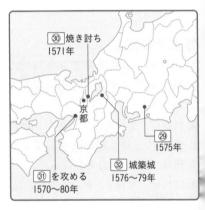

㉚ 焼き討ち 1571年
㉙ 1575年
京都
㉛ を攻める 1570～80年
㉜ 城築城 1576～79年

9 4つの窓口

- □(1) 江戸幕府は直轄地の長崎で、㉞**オランダ**・中国と貿易を行った。

- □(2) 豊臣秀吉の朝鮮侵略以来途絶えていた朝鮮との国交が ㉟**対馬** 藩の仲立ちによって回復し、㉟ 藩は朝鮮との貿易を認められた。朝鮮からは、将軍の代がわりごとに ㊱**朝鮮通信使** が派遣された。

- □(3) 薩摩藩は ㊲**琉球王国** を支配し、㊳**松前** 藩は蝦夷地のアイヌ民族との交易の独占権を認められた。

清
蝦夷地
㊳ 藩
朝鮮
釜山
㊲ 藩
江戸
長崎
薩摩藩
㊲
㊴

10 江戸時代の交通網

(1) ㊴**西廻り** 航路で東北の米など が大阪に運ばれ、諸藩の㊵**蔵 屋敷** で取り引きが行われた。

(2) 江戸〜大阪間は ㊶**菱垣廻船** や樽廻船が物資を輸送した。

(3) 江戸を起点に ㊷**東海道** など の五街道が整備された。要所 には ㊸**関所** が置かれ、人や 物資の移動を監視した。

11 幕末の貿易

(1) 開国して貿易が始まると、㊹**イギ リス** が最大の貿易相手国となった。

(2) ㊺**産業革命** によって大量に生産さ れた安価で良質な ㊻**綿織物** が輸入 されたため、当初、日本の ⬜㊻ 産業 は打撃を受けた。

(3) 日本のおもな輸出品は ㊼**生糸** で、 東日本を中心に養蚕業がさかんになった。

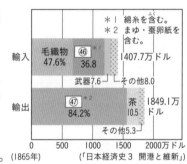

12 地租改正による税の変化

(1) 江戸時代は、収穫高の一定割合を 年貢として ㊽**米** で納めていたので、 財政は不安定だった。

(2) ㊾**地価の3％**（のちに2.5%）を地租 として、㊿**土地の所有者** に ⑤**現金** で納めさせたので、政府の財政が 安定した。

	改正前	改正後
課税基準 と税高	収穫高に対す る割合	㊾
納入者	耕作者 （本百姓）	㊿
納税方法	㊽	⑤

(3) しかし、農民の負担は江戸時代とほとんど変わらなかったため、各地で 地租改正反対一揆がおこった。

13 19世紀末の東アジア情勢

□(1) 右の絵（風刺画）は、52 **日清** 戦争直前の東アジアの情勢を描いたものである。魚（53 **朝鮮** ）に釣り糸を垂れる２人の男（日本と清）を橋の上から男（54 **ロシア** ）が見ていることから、54 のアジア進出の意欲がうかがえる。

□(2) 52 戦争に勝利した 55 **日本** が 56 **遼東半島** を獲得すると、54 はドイツとフランスを誘い、56 を 57 **清** に返還するように要求してきた。

14 有権者数の増加

□(1) 1890年の選挙権の有資格者は、直接国税 58 **15** 円以上を納める満 59 **25** 歳以上の男子のみであった。1925年には 60 **普通選挙法** が制定され、納税額の制限がなくなった。

□(2) 戦後、選挙権の有資格者は満 61 **20** 歳以上の 62 **男女** に拡大され、2016年には満 63 **18** 歳以上の 62 になった。

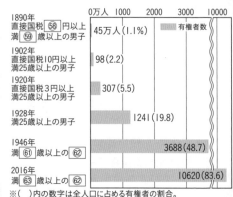

	0万人	1000	2000	3000	10000
1890年 直接国税 58 円以上 満 59 歳以上の男子	45万人(1.1%)				▨ 有権者数
1902年 直接国税10円以上 満25歳以上の男子	98(2.2)				
1920年 直接国税3円以上 満25歳以上の男子	307(5.5)				
1928年 満25歳以上の男子	1241(19.8)				
1946年 満 61 歳以上の 62			3688(48.7)		
2016年 満 63 歳以上の 62				10620(83.6)	

※（　）内の数字は全人口に占める有権者の割合。

15 農地改革

□(1) 政府が 64 **地主** から一定面積以上の土地を強制的に買い上げ、65 **小作人** に優先的に安く売り渡した。

□(2) そのため、66 **小作地** は大きく減少し、67 **自作地** が大幅に増えた。

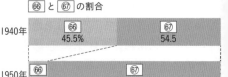

66 と 67 の割合

	66	67
1940年	45.5%	54.5
1950年	9.9%	89.9

その他0.2

（「完結昭和国勢総覧」など）

公民

CIVICS

現代社会とわたしたちの生活

重要度

現代社会の特色

□ 1 人や物、お金などが地球規模で広がっていき、世界の一体化が進むことを何というか。

□ 2 今日、日本に住む外国人は【アメリカ合衆国　中国】の人々が最も多い。

□ 3 １により、各国はより安く商品を提供しようとする【国際分業　国際競争】を行っている。

□ 4 日本は、消費する食料を国内産でまかなう割合である【　　】が低くなっている。

□ 5 １人の女性が一生に生む子どもの平均人数を合計特殊【　　】という。

□ 6 日本は子どもの数が減り、人口に占める高齢者の割合が増える【　　】社会となっている。

□ 7 日本の家族構成で最も割合の高い、右のグラフ中の**X**を何というか。

	夫婦のみ	ひとり親と子ども	非親族世帯0.3
		夫婦と子ども	その他の親族世帯 単独世帯
1960年 (2223万 世帯)	7.3%	38.3 7.5	30.5 16.1
1990年 (4067万 世帯)	15.5%	37.3	6.8 17.2 23.0 −0.2
2020年 (5570万 世帯)	20.1%	25.1 9.0 6.8	38.1

X 世帯

※1960年は統計の基準が異なる。—0.9
（令和２年「国勢調査報告」など）

□ 8 「情報」が社会の中で大きな役割を果たすようになった社会を【情報化　ICT】社会という。

□ 9 人間の知能の働きをコンピューターにもたせたものをAIまたは何というか。

□ 10 コンピューターやインターネットを利用できる者とそうでない者との間に生じる格差を何というか。

□ 11 情報を正しく判断して活用する能力を【情報モラル　情報リテラシー】という。

---

1 グローバル化

2 中国
【解説】以下、ベトナム、韓国、フィリピン、ブラジルである（2022年）。

3 国際競争
【解説】国際分業は各国が有利に生産できるものを、貿易で交換し合うこと。

4 食料自給率
【解説】日本の食料自給率は38％である（2022年）。

5 出生率
【解説】2.07を下回れば、人口は減少するとされる。2022年の日本は1.26。

6 少子高齢
【解説】少子化と高齢化が同時におこっている。

7 核家族

8 情報化
【解説】ICTは情報通信技術のこと。

9 人工知能

10 デジタルデバイド（情報格差）

11 情報リテラシー
【注意】情報モラルは、情報を正しく利用する態度や考え方。

12 右のグラフ中のXは【パソコン　スマートフォン】である。

〈おもな情報通信機器の保有状況〉

13 【七五三　節分】は2月の年中行事である。

14 異なる文化の人々が、互いの文化を尊重しながら生活する社会を【　　】社会という。

15 【　　】は人間にとって最も身近な社会集団である。

16 15間の均分相続などを定めた法律を何というか。

17 人間は社会集団の一員としてしか生きることができないため、【　　】存在といわれる。

18 多数決での決定時、【　　】の尊重が重要である。

19 対立を解決する際、公正のほかに【効率　権利】の考えも重要である。

地理　歴史　公民

12 **スマートフォン**
解説 Yがパソコンである。

13 **節　分**
注意 七五三は11月。

14 **多文化共生**

15 **家　族**
解説 学校やクラブも社会集団である。

16 **民　法**

17 **社会的**

18 **少数意見**

19 **効　率**
解説 効率とは、効果的に、かつ無駄を省くこと。

💡 **思考力アップ！**

Q 体育館の使用について、卓球部は強さからA案、バドミントン部は部員数からB案、バレーボール部は折衷案でC案

	部員数	強さ	A案	B案	C案
卓球部	10名	強い	週3回	週1回	週2回
バレーボール部	20名	普通	週2回	週2回	週2回
バドミントン部	30名	弱い	週1回	週3回	週2回

を主張した。主将の話し合いはなく教師がC案に決めた。この決定について、公正の観点から述べた次のX・Yの正誤の組み合わせとして正しいものを、あとから1つ選びなさい。　　　　　　　　　　　　　　　[愛光高]

X 主将による話し合いがないため、「手続きの公正」が満たされていない。

Y 各部の体育館使用が週2回になったため、「結果の公正」は満たされた。

ア X－正　Y－正　　イ X－正　Y－誤
ウ X－誤　Y－正　　エ X－誤　Y－誤

A ア
解説 公正には、決定に全員が対等な立場で参加する「手続きの公正」、一部の人が不利益にならない「結果（機会）の公正」がある。Xは教師が一方的に決定している。

1 人権の歴史と日本国憲法

重要度
▢▢▢

人権の歴史

□1 1215年にイギリスで定められた、国王の課税権などを制限した文書を【　　】という。

□2 1689年にイギリスで名誉革命後、議会が国王に認めさせた文書を【　　】という。

□3 フランスの思想家モンテスキューは『【法の精神　統治二論】』を著した。

□4 3で説かれているのは【抵抗権　三権分立】である。

□5 『社会契約論』で人民主権を唱えた思想家はだれか。

□6 1919年に世界で初めて、社会権を明記したドイツの憲法を何というか。

□7 右の図中のYは【人の支配　法の支配】を示したものである。

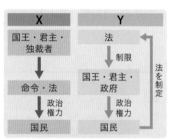

X	Y
国王・君主・独裁者	法
↓	↓ 制限
命令・法	国王・君主・政府
↓ 政治権力	↓ 政治権力
国民	国民

法を制定

□8 政治権力から人権を守り、これを保障するために、憲法によって政治権力を制限する考えを何というか。

日本国憲法

□9 1889年発布の大日本帝国憲法では、国民の人権は【永久の権利　臣民の権利】と定められた。

□10 日本の最高法規である日本国憲法は、国民の代表者が定めた【民定憲法　欽定憲法】である。

□11 日本国憲法の施行年月日は【　　】である。

□12 日本国憲法の三大原則は、基本的人権の尊重、平和主義とあと1つは何か。

---

1 マグナ=カルタ

2 権利(の)章典

3 法の精神

[注意] 『統治二論』はイギリスの思想家ロックが著した。

4 三権分立

[注意] 抵抗権はロックが説いた。

5 ルソー

[解説] フランスの思想家。

6 ワイマール憲法

[解説] 社会権は人間らしい生活をする権利である。

7 法の支配

[解説] Xは人の支配。

8 立憲主義

9 臣民の権利

[解説] 法律の範囲内で人権が認められた。

10 民定憲法

[解説] 欽定憲法は、君主が定めた憲法。

11 1947年5月3日

[注意] 公布は1946年11月3日。

12 国民主権

13 日本国憲法では天皇は、「日本国および日本国民統合の【　　】」と明記されている。

14 日本国憲法では、天皇は内閣の助言と承認のもとに【　　】のみを行うと定められている。

15 人間が人間らしく生活するために、生まれながらもっている権利を何というか。

16 日本国憲法の第【　　】条に平和主義が明記されている。

17 文民が軍隊を指揮・統制することを何というか。

18 自国と同盟関係の国が攻撃された場合、その国と共同して防衛行動をとる権利を何というか。

19 日本政府が掲げた、核兵器を「もたず、つくらず、もちこませず」の方針を何というか。

20 日本国憲法の改正は、衆議院と参議院の各議院で①【　　】以上の賛成で国会が発議し、②【　　】で有効投票の過半数の賛成を得る必要がある。

13 象徴

14 国事行為

15 基本的人権

16 9

17 シビリアンコントロール（文民統制）

18 集団的自衛権

19 非核三原則

20 ① 総議員の3分の2
　　② 国民投票

地理

歴史

公民

💡 **思考力アップ！**

Q ポスターを参考にして、資料A～資料Dを時代の古い順に並べかえなさい。

[大阪教育大附高(池田)－改]

ポスター

18世紀 (的権利)	→	19世紀 (的権利)	→	20世紀 (的権利)～	
自由権		参政権		社会権	新しい人権
平等権					

資料A

第11条　国民は、すべての基本的人権の享有を妨げられない。

資料B

第1条　大日本帝国ハ万世一系ノ天皇之ヲ統治ス

資料C

第151条　経済生活の秩序は、すべての人に人間の値する生存を保障することを目ざす…

資料D

われわれは、自明の真理として、すべての人は平等につくられ、造物主によって…

A D→B→C→A

解説 D：アメリカ独立宣言（1776年）→B：大日本帝国憲法（1889年）→C：ワイマール憲法（1919年）→A：日本国憲法（1946年）。

2　日本国憲法と基本的人権　①

自由権

□1　自由権は【　　】、精神の自由、経済活動の自由からなる。

□2　精神の自由のうち、個人の考えや思想などを発表できる自由を【　　】の自由という。

□3　【信教の自由　居住・移転の自由】は、精神の自由に属する。

□4　経済活動の自由に属するものは、【集会・結社の自由　財産権の不可侵】である。

□5　経済活動の自由のうち、自分の就きたい職業を選び、営むことができる自由を何というか。

平等権

□6　自由権をはじめ、すべての人権の基礎は、右の図中のＸの【　　】である。

□7　日本国憲法第14条で「すべて国民は、【　　】に平等」と規定している。

□8　国際連合で女子差別撤廃条約が採択されたことを受けて、1985年に職場での男女平等を目ざして制定された法律を何というか。

□9　1999年、男女が対等な立場で社会に参加することを目ざして制定された法律を何というか。

□10　障がいのある人や高齢者が安心して生活できるように、生活に不便な障壁を取り除こうという考え方を何というか。

□11　すべての人が使いやすいように意図してデザインされたものを【ピクトグラム　ユニバーサルデザイン】という。

1　身体の自由

2　表　現

3　信教の自由
解説 居住・移転の自由は経済活動の自由に属する。

4　財産権の不可侵
解説 集会・結社の自由は精神の自由に属する。

5　職業選択の自由

6　平等権

7　法の下

8　男女雇用機会均等法

注意

9　男女共同参画社会基本法

10　バリアフリー

11　ユニバーサルデザイン
解説 ピクトグラムは意味するものの形で内容を理解させる図。

12 2016年、外国出身者やその子孫への差別をあおる【ヘイトスピーチ　セクシュアルハラスメント】を禁止する法律が制定された。

社会権

13 20世紀になって確立した、人間らしい生活を営む権利を何というか。

14 日本国憲法第25条は、「すべて国民は、【　　】な最低限度の生活を営む権利を有する。」と規定している。

15 日本国憲法第25条の権利を何というか。

16 生活困窮者の15を保障するために定められた法律は【教育基本法　生活保護法】である。

17 すべての国民に、能力に応じて等しく【　　】を受ける権利が保障されている。

18 日本国憲法第27条は、働く意思と能力がある者が国に対して働く機会を求める【　　】の権利を保障している。

19 労働者が労働組合を結成したり、加入したりする権利を何というか。

20 19、【　　】、団体行動権（争議権）を労働基本権（労働三権）という。

---

12 **ヘイトスピーチ**
解説 セクシュアルハラスメント（セクハラ）は性的な嫌がらせである。

13 **社会権**

14 **健康で文化的**

15 **生存権**

16 **生活保護法**
解説 この法律をもとに、生活扶助や医療扶助などの公的扶助が行われる。

17 **教　育**

18 **勤　労**

19 **団結権**

20 **団体交渉権**
解説 団体交渉権は、労働組合が使用者と対等な立場で交渉する権利。団体行動権（争議権）はストライキなどを行う権利。

✏ 記述力アップ！

Q 右の**写真**のような、昇降口に段差のないバスが多く運行されている。このようなバスが運行されている目的を、簡潔に答えなさい。

写真

A （例）足が不自由な人や車いすの人でも、乗り降りがしやすいようにするため。

解説 スロープ、点字ブロック、音の出る信号機など、障がいのある人も高齢者も、みんなが同じように生活できる社会（ノーマライゼーション）の実現のため、バリアフリー化が進められている。

3 日本国憲法と基本的人権 ②

重要度 □□□

参政権、請求権、国民の義務

□ 1 国民が政治に参加する権利を何というか。

□ 2 選挙権は何歳以上の男女に与えられているか。

□ 3 選挙に立候補する権利を何というか。

□ 4 最高裁判所裁判官の適否を審査する権利を【国民投票　国民審査】権という。

□ 5 国や地方公共団体に対して、法律や条例の制定などについて要望を述べる権利を【請願権　請求権】という。

□ 6 人権が侵害されたとき、その回復や確保を求める権利を【請願権　請求権】という。

□ 7 公務員の違法行為に対し、賠償を求めるのは【刑事補償　国家賠償】請求権である。

□ 8 個人の権利について、日本国憲法第12条で「国民は、これを濫用してはならないのであつて、常に【　　　】のためにこれを利用する責任を負ふ。」と規定している。

□ 9 【精神　経済活動】の自由は、人権侵害を防ぐため、8による制限が広く認められている。

□10 国民は、その保護する子女に【　　　】を受けさせる義務を負っている。

□11 「義務教育は、これを【　　　】とする。」と、日本国憲法第26条で定められている。

□12 【納税　勤労】は、国民の権利かつ義務である。

これからの人権保障

□13 新しい人権は、日本国憲法第13条の【　　　】権などを根拠に主張されている。

□14 快適で人間らしい生活ができる環境を求める権利を【　　　】権という。

---

1 参政権

2 18歳以上

3 被選挙権

4 国民審査
注意 国民投票は憲法改正の際の国民による投票。

5 請願権

注意

6 請求権

7 国家賠償
注意 刑事補償請求権は、刑事事件で無罪となった場合、抑留などに対する補償を国に対して請求することができる権利。

8 公共の福祉
解説 社会全体の幸福・利益のこと。

9 経済活動

10 普通教育

11 無償

12 勤労
解説 納税は義務のみ。

13 幸福追求

14 環境

15 大規模な開発事業を行う際に、周辺の環境にどのような影響があるか事前に調査することを何というか。

16 国や地方公共団体のもつ情報の公開を求める権利を【　　】という。

17 個人の私生活や情報を勝手に公開されない権利を【　　】の権利という。

18 個人情報をもつ企業などが、それを適正に扱うように義務づけた法律を【　　】という。

19 右の臓器提供意思表示カードは、生き方を自分で決定する【　　】権の1つを示すものである。

臓器提供意思表示カード
0120-22-0149

20 患者が医師から詳しい説明を受けたうえで治療方法などに同意することを何というか。

21 1948年に国連総会で採択された、人権保障の国際基準を示したものを何というか。

22 1966年に国連総会で採択された、21に法的拘束力をもたせたものを何というか。

23 1989年に国連総会で採択された、18歳未満の子どもの権利を定めた条約を何というか。

---

15 環境アセスメント
（環境影響評価）

16 知る権利
解説 この権利に対応するため、国が情報公開法を、地方公共団体が情報公開条例を制定している。

17 プライバシー

18 個人情報保護法

19 自己決定
解説 提供する臓器を限定したり、提供しない記載もできる。

20 インフォームドーコンセント
解説 自己決定権の1つ。

21 世界人権宣言 ⟵┄┄

[注意]

22 国際人権規約 ⟵┄┄

23 子ども（児童）の権利条約

記述力アップ！

Q 右の**図**のマンションの屋上が階段状になっている理由を、あとの文中の□□□にあてはまるように、新しい人権として主張されている具体的な権利を明らかにして答えなさい。　[愛媛-改]

北側に隣接する住宅の住民の□□□

図
北　住宅　マンション　南

A （例）**日照権**を守るため。

解説 日照権は環境権の1つで、住宅の日当たりを確保する権利である。

4 民主政治と政治参加

重要度
▢▢▢

民主政治と政党政治

□1 国民から選ばれた代表者が議会を構成し、政治を行う制度を何というか。

□2 政治的意見を同じくする人々で組織され、政権の獲得と政策の実現を目的とする団体を【利益団体　政党】という。

□3 2は選挙時、具体的な政策の数値目標や実施時期などを明示した【　　】を示す。

□4 一定の要件を満たした2には、政治活動にかかる費用の一部として【　　】が交付されている。

□5 議会において多数を占め、政権を担当する2を【野党　与党】という。

□6 議会において、複数の2で組織される政権のことを【　　】という。

□7 政治は、多くの国民に共有されている意見である【　　】を参考に行われる。

□8 テレビなどから発信される情報について、的確に判断し見きわめる能力を何というか。

選挙

□9 選挙年齢などを定めている法律を何というか。

□10 選挙権を示した右の表中のXにあてはまる語句を答えよ。

□11 一定の年齢に達したすべての国民によって行われる選挙を【平等選挙　普通選挙】という。

総選挙の年	納税額（直接国税）	年齢・性別
1890	15円以上	25歳以上の男子
1928	規定なし	25歳以上の男子
1946	規定なし	20歳以上の男女
2017	規定なし	X

□12 【直接選挙　秘密選挙】とは、だれに投票したかが明らかにされない選挙である。

1 間接民主制（代議制、議会制民主主義）

2 政党
[注意] 利益団体（圧力団体）は、自らの利益や目的を実現させるために政府や議会などに働きかけ、影響力を行使しようとする団体。

3 政権公約（マニフェスト）

4 政党交付金

5 与党
[注意] 政権を担当しないのが野党。

6 連立政権

7 世論

8 メディアリテラシー

9 公職選挙法

10 18歳以上の男女

11 普通選挙
[注意] 平等選挙は、1人一票の投票のこと。

12 秘密選挙
[注意] 直接選挙は、有権者が直接候補者を選挙すること。

□13 都道府県知事の被選挙権年齢は【25　30】歳以上である。

□14 9の改正によって創設された、投票日前に投票できる制度を何というか。

□15 1選挙区から1名の代表者を選出する制度を【小選挙区制　大選挙区制】という。

□16 落選した候補者に投票された票を何というか。

□17 政党の得票数に応じて議席を配分する選挙制度を【　　】という。

□18 衆議院議員選挙で導入されている選挙制度を【　　】という。

□19 右の表中のA党は何人当選するか。

〈計算表〉　比例代表…定数5議席

政党名 各党の得票数	A党 15000	B党 9000
1で割る	15000	9000
2で割る	7500	4500
3で割る	5000	3000

□20 選挙区間で、議員1人あたりの有権者数が大きく異なるために生じる問題を【　　】という。

13 30
解説 参議院議員と知事は30歳以上、衆議院議員、市(区)町村長、地方議会議員は25歳以上。

14 期日前投票

15 小選挙区制

16 死　票

17 比例代表制

18 小選挙区比例代表
並立制（へいりつ）

19 3（人）
解説 得票数を1から順に割っていき、商の大きい順に当選者を決めるドント方式を採用している。

20 一票の格差

💡 思考力アップ！

Q 一票の格差について右の表を参考に、次のX・Yの説明の正誤の組み合わせとして正しいものを、あとから1つ選びなさい。　　　　　　　　[沖縄]

表

	選挙区	
	A県	B県
選出議員数	1人	1人
有権者数	10万人	20万人

X 表ではA県の有権者の一票がB県に比べると価値が重い。一票の格差の問題は日本国憲法が規定する法の下（もと）の平等と深くかかわりがある。

Y 表ではB県の有権者の一票がA県に比べると価値が重い。一票の格差が問題とされ、選挙の無効を求める裁判もある。

ア X－正　Y－正　　イ X－正　Y－誤
ウ X－誤　Y－正　　エ X－誤　Y－誤

A イ
解説 A県の一票の価値は10万分の1、B県のそれは20万分の1。B県の方が軽い。

5 国民主権と国会

重要度 ■■■

国会のしくみとはたらき

☆ □1 国会は国権の【　　】であって、国の唯一の立法機関である。

□2 一院制に比べて審議をより慎重に行えるように、衆議院と参議院からなる【　　】をとっている。

✎ □3 衆議院の議員定数465人のうち、小選挙区選出の議員は何人か。

✎ □4 参議院の議員定数248人のうち、選挙区選出の議員は何人か。

□5 衆議院議員の任期は【　　】年である。

□6 参議院議員の被選挙権年齢は【　　】歳以上である。

☆ □7 毎年1月中に召集される国会を何というか。

☆ □8 7で必ず審議される議案は【予算　内閣総理大臣の指名】である。

□9 内閣が必要と認めたとき、または、いずれかの議院の総議員の4分の1以上の要求があった場合に召集される国会は【特別会　臨時会】である。

□10【　　】は、衆議院の解散中に召集される参議院のみの集会である。

□11 右の図中のXは、本会議で審議される前に少人数の国会議員で審議される【　　】である。

〈法律ができるまで〉

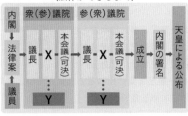

□12 図中のYは【両院協議会　公聴会】であり、予算審議の際には必ず開かれる。

---

1 最高機関

2 二院制(両院制)

3 289(人)
解説 比例代表選出は176人である。

4 148(人)
解説 比例代表選出は100人である。

5 4
解説 参議院議員の任期は6年(3年ごとに半数改選)である。

6 30
解説 衆議院議員の被選挙権年齢は25歳以上。

7 常会(通常国会)
解説 会期は150日間。

8 予算

9 臨時会
注意 臨時国会ともいう。特別会(特別国会)は、衆議院解散後の総選挙の日から30日以内に召集される。

10 緊急集会

11 委員会

12 公聴会

☐13 国会は、外国と結ばれた【　　】の承認を行う。

☐14 衆議院と参議院がもっている、国の政治について調査する権限を何というか。

衆議院の優越

☐15 衆議院に参議院よりも強い権限が与えられていることを何というか。

☐16 法律案の議決において、参議院が衆議院と異なる議決をした場合、衆議院で①【出席議員　総議員】の②【4分の3　3分の2】以上の多数で再び可決すると成立する。

〈予算の議決、条約の承認、内閣総理大臣の指名での衆議院の優越〉

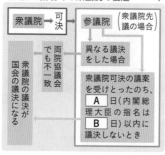

☐17 右の図中の A にあてはまるのは何日か。

☐18 図中の B にあてはまるのは何日か。

13 条 約
解説 国会の仕事には、法律の制定、予算の審議・議決、弾劾裁判所の設置、内閣総理大臣の指名、憲法改正の発議などがある。

14 国政調査権

15 衆議院の優越

16 ① 出席議員
　　② 3分の2

17 30

18 10
解説 法律案の場合は60日以内となる。また、予算の先議、内閣信任・不信任の決議は衆議院のみに認められている。

記述力アップ！

Q 右の図は、衆議院解散についての新聞記事の見出しをイメージしたものであり、表は衆議院と参議院のしくみについて示したものである。図と表を参考にして、衆議院の優越が認められている理由を答えなさい。

[鳥取]

図

○○年○月○日
首相「国民に信を問いたい」と発言
衆議院が解散

表

	任期	解散
衆議院	4年	あり
参議院	6年(3年ごとに半数改選)	なし

A (例)衆議院は参議院よりも任期が短く解散もあり、国民の意思をより強く反映すると考えられるから。

解説 図の「国民に信を問いたい」から、国民の意思を確かめたいとの首相の考えが、図や表から「解散」の有無、「任期」の違いが読み取れる。

6 行政のはたらきと内閣

重要度 ★★★

行政と内閣

□ 1 内閣総理大臣と国務大臣によって構成される、行政の最高機関を【　　】という。

□ 2 1の首長の【　　】は、国会議員の中から国会によって指名され、天皇によって任命される。

□ 3 2が任命する国務大臣の【過半数　全員】は国会議員でなければならない。

□ 4 2と国務大臣は、全員が【　　】でなければならない。

□ 5 2が主宰し全会一致で1の意思を決定する、右の写真の会議を何というか。

□ 6 右の図は、1が国会の信任にもとづいてつくられ、国会に対して連帯して責任を負う【　　】制を表す。

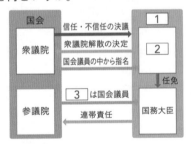

□ 7 1は天皇の国事行為に対して、【　　】を行う。

□ 8 1が制定する命令を何というか。

□ 9 1は【条約の締結　条約の承認】を行う。

□ 10 1は【　　】の長官を指名し、その他の裁判官を任命する。

□ 11 アメリカ合衆国では、立法権をもつ連邦議会と行政の長である【　　】は、それぞれ別の選挙で選ばれる。

---

1 **内閣**

2 **内閣総理大臣（首相）**
解説 衆議院議員、参議院議員を問わず、必ず国会議員でなければならない。

3 **過半数**
解説 内閣総理大臣は、自らの判断で、国務大臣を任命、罷免することができる。

4 **文民**
解説 職業軍人ではない人のこと。

5 **閣議**

6 **議院内閣**

7 **助言と承認**

8 **政令**

9 **条約の締結**
注意 条約の承認を行うのは国会。

10 **最高裁判所**

11 **大統領**
解説 大統領と各省の長官は議会に議席をもたない。

図中のラベル：
国会 / 衆議院 / 参議院
信任・不信任の決議
衆議院解散の決定
国会議員の中から指名
1
2
3 は国会議員
任免
国務大臣
連帯責任

12 アメリカ合衆国の大統領選挙は、18歳以上の有権者が大統領選挙人を選出し、選出された大統領選挙人が大統領を選挙する【直接選挙　間接選挙】である。

行政のしくみ

13 選挙、情報通信、地方自治などを扱う国の行政機関は【法務省　総務省】である。

14 労働問題や社会保障問題などを扱う国の行政機関は【　　】である。

15 気象庁は【環境省　国土交通省　内閣府】の外局である。

16 役所の職員や警察官など、行政機関で働く職員を【　　】という。

17 日本国憲法は、16は【　　】であり、一部の奉仕者ではないと規定している。

18 肥大化した行政機関のスリム化を目ざして行われる改革を何というか。

19 企業などに対する行政の許認可権を見直して、自由な経済活動を促すことを何というか。

20 政府の役割を、治安維持や国防などの最小限にとどめた政府を「【　　】」という。

地理

歴史

公民

12 間接選挙

13 総務省

14 厚生労働省

15 国土交通省

16 公務員
　解説▶ 国家公務員と地方公務員がある。

17 全体の奉仕者
　解説▶ 国民全体のために奉仕しなければならない。

18 行政改革

19 規制緩和

20 小さな政府
　解説▶「大きな政府」は、社会保障や雇用対策など国民のために多くの政策を行うが、その分、国民に課せられる税金が多くなる。

✎ 記述力アップ！

Q 衆議院が、内閣不信任の決議を可決した場合、内閣はその後、どのようなことをしなければならないか。右の図の【　　】にあてはまる数字・語句を明らかにして、簡潔に答えなさい。

A （例）10日以内に衆議院を解散するか、総辞職をしなければならない。

　解説▶ 衆議院が内閣信任の決議を否決した場合も同様である。

図　内閣が成立するまでの流れ

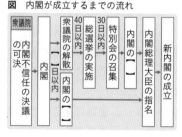

衆議院の内閣不信任の決議可決 → 内閣 →〔10日以内〕→ 衆議院の解散／内閣の〔　〕 →〔40日以内〕→ 総選挙の実施 →〔30日以内〕→ 特別会の召集 → 内閣の〔　〕 → 内閣総理大臣の指名 → 新内閣の成立

7　裁判所のはたらきと三権分立

重要度
◻◻◻

司法と裁判所

☐1　すべて司法権は、最高裁判所と法律の定めるところにより設置する【　　】裁判所に属する。

☐2　【高等裁判所　地方裁判所】は、全国に8か所設置されている。

☐3　少年事件は【簡易裁判所　家庭裁判所】で扱う。

☐4　裁判所が、どこからも干渉されず、独立して裁判を行う原則を何というか。

☐5　右の図中のXは【　　】を示している。

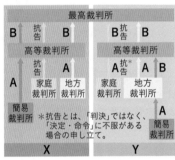

最高裁判所
B　抗告　B　　　B　抗告　B
高等裁判所　　　　高等裁判所
抗告　A　　　A　抗告※　A　B
A　家庭　地方　　家庭　地方
簡易　裁判所　裁判所　裁判所　裁判所
裁判所　　　　　　　　　　　　簡易
　　　　　　　　　　　　　　　裁判所　A
※抗告とは、「判決」ではなく、「決定・命令」に不服がある場合の申し立て。
X　　　　　　　　　Y

☐6　図中のAは、第一審の判決に不服のある場合、第二審を求める【　　】である。

☐7　図中のBは、第二審の判決に不服のある場合、第三審を求める【　　】である。

☐8　1つの事件につき、原則3回まで裁判を受けられる制度を何というか。

☐9　被疑者を裁判所に起訴するのはだれか。

☐10　9によって起訴された者を何というか。

☐11　犯罪の種類や刑罰の程度があらかじめ法律で定められている原則を【推定無罪の原則　罪刑法定主義】という。

☐12　図中のYは、金銭の貸借など、権利や義務に関する争いを解決する【　　】である。

☐13　12で、裁判所に訴えた側を何というか。

1　**下級**
解説 下級裁判所には、高等裁判所、地方裁判所、家庭裁判所、簡易裁判所がある。

2　**高等裁判所**
解説 地方裁判所は全国に50か所設置されている。

3　**家庭裁判所**

4　**司法権の独立**

5　**刑事裁判**
解説 犯罪行為があったかどうかを判断し、有罪か無罪かを決める裁判。

6　**控訴**

注意

7　**上告**

8　**三審制**

9　**検察官**

10　**被告人**

11　**罪刑法定主義**
解説 推定無罪の原則は、刑事裁判で被告人は、有罪判決を受けるまでは無罪と見なされる原則。

12　**民事裁判**

13　**原告**
注意 訴えられた側が被告。

□14 「憲法の番人」と呼ばれるのはどの裁判所か。

□15 判決確定後、新しい証拠などをもとに裁判をやり直すことを【　　】という。

□16 国民が重大な犯罪についての裁判に裁判官とともに参加する制度を【　　】制度という。

三権分立

□17 右の図中のAにあてはまる語句は何か。

□18 図中のBにあてはまる語句は何か。

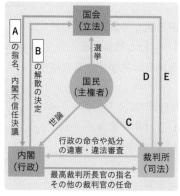

□19 図中のCにあてはまる語句は【国民投票　国民審査】である。

□20 図中のDにあてはまる語句は【　　】である。

□21 図中のEにあてはまる語句は【行政裁判　弾劾裁判】である。

14 最高裁判所

15 再審

16 裁判員

17 内閣総理大臣

18 衆議院

19 国民審査

20 違憲立法審査権
（違憲審査権）

解説 法律などが、憲法に違反していないかどうかを判断する権限。すべての裁判所がもつが、最終的な判断は最高裁判所が行う。

21 弾劾裁判

解説 職務上の義務に違反したり、怠ったりした裁判官の処分を決定する。行政裁判は、国や地方公共団体を相手とする裁判。

✏ 記述力アップ！

Q 右の図をもとに述べた、あとの文中の①・②にあてはまる記号を選び、③はあてはまる内容を「有罪か無罪か」「刑罰」の語句を使って答えなさい。　[福岡-改]

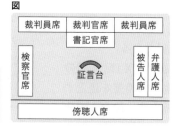

図は、①（**ア** 民事裁判　**イ** 刑事裁判）の②（**ウ** 第一審　**エ** 第二審）の法廷のようすで、裁判員は裁判官とともに③□□□□

A ①イ　②ウ　③（例）**有罪か無罪かと、有罪の場合は刑罰の内容を決める。**

解説 裁判員制度での裁判は、刑事裁判のうち、地方裁判所の第一審でのみ実施される。

月　日

8 地方自治

重要度

地方自治のしくみとはたらき

□1 自分たちが住む地域の政治を、住民が自らの意思で自主的に行うことを【　　】という。

□2 1は、日本国憲法と1947年公布の【　　】に規定されている。

□3 住民が身近な問題の解決を通して民主主義の経験を積めるので、「1は【　　】」と呼ばれる。

□4 都道府県や市(区)町村を地方公共団体、または【　　】という。

□5 都道府県知事や市(区)町村長のことを何というか。

□6 5の任期は、いずれも【　　】年である。

□7 5のうち、都道府県知事の被選挙権年齢は【25 30】歳以上である。

□8 地方議会議員の被選挙権年齢は何歳以上か。

□9 5と地方議会議員の両方を住民が直接選挙で選ぶ制度を何というか。

□10 地方議会が法律の範囲内で制定することができる、その地域内で適用される法を何というか。

□11 地方議会による5の不信任決議に対して、5は地方議会を【　　】することができる。

□12 右の図中の地方税は【自主財源　依存財源】である。

□13 図中のXは、4間の財政の格差を是正するために国から配分される【　　】である。

□14 図中のYは、国から支払われる【　　】で、使いみちが特定されている。

〈地方公共団体の歳入構成〉

その他
9.7
地方債
7.4
Y
16.4
92兆
3584億円
地方税
46.5%
X
20.0

(2023年度)
(2023/24年版「日本国勢図会」)

1 地方自治

2 地方自治法
解説 大日本帝国憲法には地方自治の規定はない。

3 民主主義の学校
解説 イギリスの政治学者ブライスのことば。

4 地方自治体
解説 区は東京都23区を指す。

5 首長

6 4
解説 地方議会議員の任期も4年である。

7 30
注意 市(区)町村長の被選挙権年齢は25歳以上である。

8 25歳以上

9 二元代表制

10 条例

11 解散
解説 首長は議会の議決に対して拒否権(再議請求権)ももつ。

12 自主財源

13 地方交付税交付金
解説 使いみちが指定されていない。

注意

14 国庫支出金

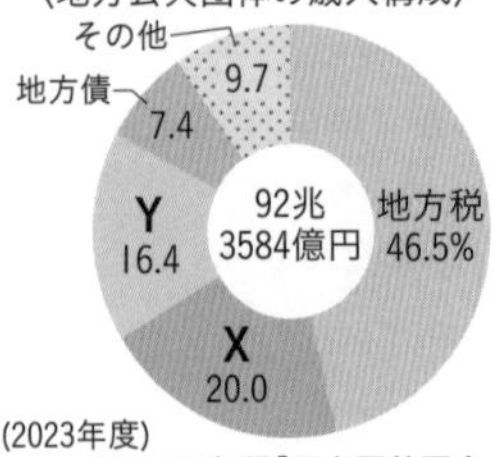

地方自治への参加と発展

☐15 地方公共団体の住民には、一定数の署名を集めて請求を行う【　　】が認められている。

☐16 右の表中のAにあてはまる署名数は【　　】以上である。

請求の種類	必要な署名数	請求先
条例の制定または改廃の請求	（有権者の）**A** 以上	**C**
監査請求	50分の1以上	監査委員
議会の解散請求	**B** 以上*	**D**
議員・首長の解職請求	3分の1以上*	**D**

＊有権者数が40万人をこえる場合は必要署名数が緩和された。

☐17 表中のBにあてはまる署名数は【　　】以上である。

☐18 表中のCにあてはまる請求先はどこか。

☐19 表中のDにあてはまる請求先はどこか。

☐20 議員などの解職請求をカタカナで何というか。

☐21 住民からの苦情を処理し、行政が適切に行われているかどうか監視する制度を何というか。

☐22 国のもつ権限をさらに地方へ移すことを目ざし、1999年に【　　】一括法が制定された。

☐23 特別法の制定の際には、【国民投票　住民投票】を行い、過半数の賛成が必要となる。

15 直接請求権

16 50分の1

注意

17 3分の1

18 首長

19 選挙管理委員会

20 リコール

21 オンブズマン制度
解説 オンブズパーソン制度ともいう。スウェーデンで始まり、日本では神奈川県川崎市が初めて導入した。

22 地方分権

23 住民投票
解説 レファレンダムともいう。特別法とは、特定の地方公共団体のみに適用される法律。

記述力アップ！

Q 右の**表**は、東京都、大阪府、鳥取県の歳入の割合を示したもので、Aは、地方交付税交付金である。鳥取県の地方交付税交付金の割合が高い理由を、地方交付税交付金の特色を述べたうえで、簡潔に答えなさい。

表

	地方税	A	国庫支出金	地方債	その他
東京都	57.9	0	24.8	2.5	14.8
大阪府	29.8	8.1	29.4	8.2	24.5
鳥取県	18.0	37.7	20.9	11.6	11.8

（単位：%）（2021年）　　　（2024年版「データでみる県勢」）

A （例）地方交付税交付金は地方公共団体の間の財政格差を是正するためのものなので、地方税の少ない地方公共団体には多く交付されるから。

解説 国庫支出金は、どの地方公共団体にも一定の金額が支給される。

1 生活と経済

重要度
□□□

くらしと経済

□1 生産・流通・消費のしくみ全体を経済といい、その中心は【　　】・企業・政府である。

□2 消費者が買う商品のうち、食料品や衣類、ノートなど、形のあるものを何というか。

□3 商品のうち、介護やスマートフォンの通話料、電車に乗ることなど、形のないものを何というか。

□4 賃金・給料など、労働によって得る所得を【給与所得　事業所得】という。

□5 土地や家屋などから得る所得を何というか。

□6 食料費など、生活に必要なものを買うために支払う費用を何というか。

□7 実際の支出から、6と税金などを引いた残りは、【　　】として将来の生活に備えられる。

□8 個人所得から非消費支出を差し引いた、実際に使えるお金を【　　】という。

□9 代金支払いのための、右の図のように現金を使わないXにあてはまるカードを何というか。

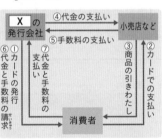

□10 求める量に対して商品が不足した場合、その商品は【希少性　持続性】が高い状態となる。

□11 消費者が自分の意思と判断で自由に商品を購入できるという考え方を何というか。

□12 アメリカ合衆国の【ケネディ　リンカン】大統領は、「消費者の4つの権利」を1962年に発表した。

---

1 家　計

2 財

注意

3 サービス

4 給与所得
解説 勤労所得ともいう。事業所得は、農家や個人商店主などの所得。

5 財産所得

注意

6 消費支出
解説 消費支出のうち食料費の割合をエンゲル係数といい、この値が低いほど生活が豊かとされる。

7 貯蓄
解説 貯蓄には生命保険の支払いなどを含む。税金や社会保険料などの支出は非消費支出という。

8 可処分所得

9 クレジットカード

10 希少性

11 消費者主権

12 ケネディ
解説 ①安全を求める権利、②知らされる権利、③選択する権利、④意見を反映させる権利の4つ。

❏13 1968年に制定された消費者保護基本法は、2004年に【消費者基本法　消費者契約法】に改正された。

❏14 消費者が欠陥商品で被害を受けたとき、企業が責任を負うことを定めた法律を【　　】という。

❏15 訪問販売なら購入後8日以内であれば、無条件で契約を解除できる制度を何というか。

❏16 消費者行政を一括して扱う省庁はどこか。

生活を支える流通

❏17 商品が、生産者から消費者に届くまでの流れを【商業　流通】という。

❏18 消費者に商品を売る業種を【卸売業　小売業】という。

❏19 卸売業者や小売業者が効率的に商品を提供するために労力や費用をおさえようとすることを17の【　　】という。

❏20 右のようなバーコードを読み取り、商品を管理するしくみを【　　】システムという。

1 234567 890128

---

13 消費者基本法
注意 契約上のトラブルから消費者を守る消費者契約法は2000年に制定された。

14 製造物責任法（PL法）
解説 企業は過失の有無に関係なく、損害賠償の責任を負う。

15 クーリング-オフ

16 消費者庁

17 流通
注意 商業は商品の売買を行う業種。

18 小売業
注意 卸売業は生産者から仕入れた商品を小売業者に販売する。

19 合理化

20 POS（ポス）

🖊 記述力アップ！

Q 商品の流通経路は、**資料1**のようなものが一般的である。しかし、**資料2**のような流通経路をとることで、より安い価格で消費者に商品を提供できる。その理由は、**資料2**では**資料1**と比べて、小売業者が□□□である。この□□□にあてはまる内容を答えなさい。　　［群馬−改］

資料1

生産者
↓
卸売業者
↓
小売業者
↓
消費者

資料2

生産者
↓
小売業者
↓
消費者

A （例）卸売業者を通さず生産者から直接商品を仕入れるため、仕入れ価格が安くなるから

解説 卸売業者を通した卸売価格は、卸売業者の諸費用や利潤を含んだものとなり、小売業者の小売価格は、卸売価格に小売業者の利潤などを含んだ価格となるため割高になる。

2　生産のしくみと企業

重要度
□□□

生産のしくみ

□1 生産を行うために必要な、土地・労働力・資本をまとめて何というか。

□2 資本家が労働者を雇い、利潤を得ることを目的に生産を行う経済を【　　】経済という。

〈再生産のしくみ〉

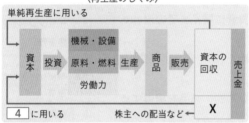

□3 上の図中の X は、商品の売り上げから生産にかかった費用を差し引いた残りの金額であり、【　　】という。

□4 3の一部を機械などの増設にあて、より大規模に行われる再生産を何というか。

企業

□5 1をもとに、生産を行うのは【企業　起業】である。

□6 【私企業　公企業】は3を得ることを目的として経営を行う。

□7 6と国または地方公共団体が出資してできた5を【　　】という。

□8 資本を少額の株式に分けて発行し、株式の購入者を多く集めて組織した会社を何というか。

□9 8の株式を購入した者を何というか。

□10 8が利益をあげたとき、9は保有している株式の数に応じて【　　】を受けることができる。

□11 8の最高議決機関を何というか。

1 生産(の三)要素
解説 土地(工場や店舗などを建てる土地)・労働力(人間の働き)・資本(原材料・機械・資金)を生産の三要素という。このほかに、知的資源(特許やノウハウ)を含める場合もある。

2 資本主義

3 利潤

4 拡大再生産
解説 同一規模の単純再生産、規模が小さくなる縮小再生産もある。

5 企業
解説 起業は、新しく事業を始めること。

6 私企業
注意 公企業は利潤ではなく公共の目的のために活動する。

7 公私合同企業（第三セクター）

8 株式会社

9 株主

10 配当

11 株主総会

☐12 11では、経営方針の決定や【取締役の選任　価格の決定】などが行われる。

☐13 8が倒産しても、9は出資額以上の負担は負わない。これを【　　】という。

☐14 証券取引所などでの売買によって、株式の値段である【　　】が変動する。

☐15 企業には、3を追求するだけではなく、税金を納めたり、労働の場を提供したりするなど、企業の社会的責任（【　　】）を果たすことも求められる。

☐16 右の図中のAは、生産量や販売価格などで協定を結ぶ【　　】である。

☐17 図中のBは、親会社が株式の保有でほかの企業を結合する【コンツェルン　トラスト】である。

〈独占の形態〉

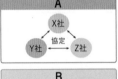

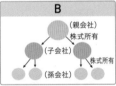

☐18 高度な専門知識や技術をもとにつくられた、収益性の高い革新的な中小企業を【ベンチャー企業　ベンチャーキャピタル】という。

12 取締役の選任
解説 実際の経営は、取締役会が行う。

13 有限責任

14 株　価

15 CSR

16 カルテル
（企業連合）

注意

17 コンツェルン
（企業連携）
解説 トラスト(企業合同)は、数社が1つの企業となった形態。

18 ベンチャー企業
解説 ベンチャーキャピタルは、ベンチャー企業への投資を行う投資会社。

地理
歴史
公民

記述力アップ！

Q 資料から読み取れる大企業の特徴を、中小企業と比較し、「企業数」「製造品出荷額等」の語句を使って、簡潔に答えなさい。

[長野]

A (例)企業数は約2％と少ないが、製造品出荷額等は全体の約半数を占める。

解説 大企業は企業数の割合はわずかであるが、大量生産により製造品出荷額等が中小企業よりも多い。中小企業が多くの人の労働の場であることにも注意が必要である。

資料 製造業に占める企業の分類の割合

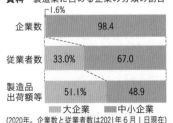

(2020年。企業と従業者数は2021年6月1日現在)
(2023/24年版「日本国勢図会」)

3 働くことの意義と労働者の権利

重要度
□□□

働くこと、労働者の権利

□1 日本国憲法第27条は、「すべて国民は、勤労の【　　】を有し、義務を負ふ。」と規定している。

□2 わたしたちは、労働によって仕事の一部を【分業　競争】することで社会の役割分担に参加している。

□3 労働者が企業で働く場合、企業との間で結ばれる右の図中のXを【労働契約　労働条件】という。

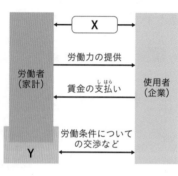

労働力の提供
賃金の支払い
労働条件についての交渉など

労働者（家計）
使用者（企業）
X
Y

□4 労働条件の交渉などを、使用者側（企業）と行う、図中のYを何というか。

□5 賃金や労働時間など、労働条件の最低基準を定めた法律を何というか。

□6 5では、労働時間は1日【　　】時間以内と規定されている。

□7 労働者と使用者との対立の予防や解決を目的に【　　】が定められている。

□8 労働者の団結権や団体交渉権について規定した法律を何というか。

□9 5・7・8の法律をまとめて【　　】という。

労働環境の変化と課題

□10 日本では慣習として、定年まで同じ企業で働く【　　】が一般的であった。

---

1 権利

2 分業

3 労働契約
解説 仕事の内容、勤務時間、賃金などについて契約を結ぶ。

4 労働組合
解説 労働者は労働組合を結成し、賃金の引き上げなどさまざまな交渉を使用者と対等の立場で行う。

5 労働基準法

6 8　　注意
解説 週40時間以内労働、1週につき少なくとも1日の休日、男女同一賃金、15歳未満の児童の使用の禁止などの規定もある。

7 労働関係調整法

8 労働組合法
解説 団結権とは、労働者が労働組合を結成したり、加入したりする権利。

9 労働三法

10 終身雇用

□11 日本では、勤続年数に応じて賃金が上がる【能力給　年功序列賃金】が主流であった。

□12 仕事の結果に応じて賃金を支払う【　　】主義を導入する企業も増えている。

□13 2022年現在、日本の労働者の40%近くがパートやアルバイト、派遣社員などの【　　】である。

□14 不景気時、13は人員整理による【ワーキングプア　リストラ】に合う可能性が高い。

□15 求職者に無料で職業の紹介などを行う公的機関として【ハローワーク　テレワーク】がある。

□16 １人あたりの労働時間を減らし、多くの人で仕事を分け合うことを【　　】という。

☆□17 職場での男女平等を目ざし、採用や昇進などでの差別を禁止した法律を何というか。

□18 男女に関係なく、労働者の育児や介護での休暇を認めた法律を【　　】という。

□19 17は、企業に職場での性的嫌がらせへの対策義務を負わせているが、この嫌がらせを何というか。

☆□20 仕事と生活を調和させ、だれもが働きやすいしくみをつくることを【　　】という。

11 年功序列賃金

12 成　果

13 非正規労働者

14 リストラ
解説 リストラクチャリングの略語。ワーキングプアは働いていても収入が乏しく、生活が困難な人々。

15 ハローワーク
解説 テレワークは情報通信技術(ICT)を活用し、自宅など勤務先以外で仕事をする勤務形態。

16 ワークシェアリング

17 男女雇用機会均等法

18 育児・介護休業法

19 セクシュアルハラスメント(セクハラ)

20 ワークーライフーバランス

地理

歴史

公民

✏ **記述力アップ！**

Q 右の２つの年の女性の年齢別就業者割合を見たとき、2022年は2001年と比べて働く女性の割合は増加しているが、依然として30代の割合が20代後半と比べて低い。その理由として□□ことが考えられる。□□にあてはまる内容を、簡潔に答えなさい。
［香川－改］

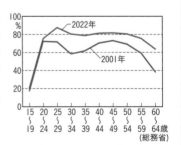

（総務省）

A (例)出産や育児のために職場を離れる

解説 出産、育児のために仕事との両立が難しく、職場を離れざるを得ない状況がおこっている。保育所の整備や、男性の育児休暇取得などの充実が求められている。

4 市場経済のしくみと金融

重要度
□□□

市場経済のしくみとはたらき

□ 1 商品の取り引きをする場を何というか。

□ 2 1で消費者が買おうとする量を【　　】という。

□ 3 1で生産者が売ろうとする量を【　　】という。

□ 4 右の図中の**X**の曲線を何というか。

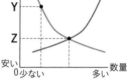

価格
高い　**X**

Y

Z

安い
0　少ない　　　多い　数量

□ 5 図中の**Y**の価格のとき、商品の価格は【上がる　下がる】。

□ 6 1において、2と3の関係で変化する価格を何というか。

□ 7 2と3がつり合ったときの図中の**Z**の価格を何というか。

□ 8 商品の生産などを1つの企業が支配することを【寡占　独占】という。

□ 9 8を禁止して自由な競争を促すために、1947年に制定された法律を何というか。

□ 10 電気・水道料金など、政府や地方公共団体が認可したり決定したりする価格を【　　】という。

金融のしくみ

□ 11 銀行が、資金を必要とする人などに貸し付けることを【直接金融　間接金融】という。

□ 12 資金の借り手は、返済時に【利潤　利子】を払う。

□ 13 一国の金融制度の中心となる銀行を何というか。

□ 14 日本の13は【　　】である。

□ 15 14は紙幣を発行することから何と呼ばれるか。

□ 16 14は一般の銀行に対する資金の貸し出しや預金の受け入れを行うことから①【　　】、政府の資金を取り扱うことから②【　　】と呼ばれる。

---

1 市場

2 需要量

3 供給量

4 需要曲線　[注意]

[解説] 価格が高いと数量が減るので需要量を表す。

5 下がる

[解説] 供給量＞需要量のため、価格は下がる。

6 市場価格

7 均衡価格

8 独占　[注意]

[注意] 少数の企業が支配する状態を寡占という。

9 独占禁止法

[解説] これにもとづき、公正取引委員会が監視を行う。

10 公共料金

11 間接金融

[注意] 直接金融は、企業が株式などを発行して資金を集めること。

12 利子

13 中央銀行

14 日本銀行

15 発券銀行

16 ① 銀行の銀行
　　② 政府の銀行

❑17 経済活動が活発な状態を何というか。

❑18 経済活動が不活発な状態を何というか。

❑19 資本主義経済において、17と18が繰り返しおこることを何というか。

❑20 【　　】とは、物価が継続的に上昇し、通貨の価値が下がる現象である。

❑21 【　　】とは、物価が継続的に下落し、通貨の価値が上がる現象である。

❑22 14が景気の調整や物価の安定のために行う政策を【　　】という。

❑23 22のうち、国債などを売買することで通貨量を調整する政策を【　　】という。

❑24 23のうち、好景気のときには国債などを【売る　買う】操作が行われる。

❑25 自国通貨と外国通貨の交換比率を何というか。

❑26 たとえば、1ドル＝100円から1ドル＝80円になることを【円高　円安】という。

❑27 【円高　円安】は日本の輸出にとっては不利である。

地理　歴史　公民

17 好景気(好況)

18 不景気(不況)

19 景気変動
　（景気の循環）

20 インフレーション
　（インフレ）

21 デフレーション
　（デフレ）

22 金融政策

23 公開市場操作

24 売 る
　注意 不景気のときは国債などを買う。

25 為替相場
　（為替レート）

26 円 高

27 円 高

💡 思考力アップ！

Q 次の文中の a ・ b にあてはまる数字を、図とグラフを参考にしてそれぞれ答えなさい。
[岐阜-改]

アメリカから日本への旅行者が1200ドルを円に交換した場合、図の円安のときには a 円になる。グラフの2012年と2015年を比較すると、 b 年の方が日本へ旅行するには有利であったと考えられる。

図　円高と円安

円高		円安
1ドル＝80円 ←	1ドル＝100円 →	1ドル＝120円

グラフ　円とドルの為替相場の推移
円/1ドル

```
円/1ドル
140
130
120
110
100
90
80
70
60
   2010  12  14  16  18  20  22年
                      (日本銀行)
```

A a 144000　b 2015

解説 1200ドルを円に交換する場合、2012年は両替の金額が96000円、2015年は144000円となる。円安の2015年の方がより多く買い物ができる。

5　政府の経済活動と財政の役割

重要度
□□□

政府と財政

□1　政府（国や地方公共団体）が税金（租税）を集め、公共のために行う経済活動を何というか。

□2　政府の予算は、収入である歳入と、支出である【　　】の見積もりである。

□3　2のうち、金額が最も多いのは【社会保障関係費　防衛関係費】である。

□4　【　　】と地方債を合わせて公債という。

□5　4の元金・利子を支払うための費用を何というか。

□6　【　　】とは、政府が徴収した税金を低所得者へ再配分し、所得の平均化を図る1の作用の1つである。

□7　政府は道路や橋、港湾、公園、上下水道などの【　　】を整備する。

□8　国や地方公共団体は警察や消防、教育、医療などの【　　】を提供する。

□9　右の表中のXにあてはまる、納税者と税負担者が同じ税を何というか。

		X	間接税
国税		Y Z 相続税　贈与税	消費税　酒税 揮発油税 関税　たばこ税
地方税	（都）道府県税	（都）道府県民税 事業税 自動車税	地方消費税 （都）道府県たばこ税 ゴルフ場利用税 軽油引取税
	市（区）町村税	市（区）町村民税 固定資産税	市（区）町村たばこ税 入湯税

□10　表中のYは、個人の給料に課せられる【　　】である。

□11　表中のZは、会社の所得に課せられる【　　】である。

□12　表中の（都）道府県民税と市（区）町村民税を合わせて【　　】という。

1　財政

2　歳出
解説　国の税収入（歳入）の上位は消費税、所得税、法人税。

3　社会保障関係費

4　国債
解説　国は国債を発行し、歳入として公債金を得る。地方公共団体は地方債を発行する。

5　国債費
解説　歳出に占める割合は、社会保障関係費に次いで大きい。

6　所得の再分配

7　社会資本
解説　インフラストラクチャー（インフラ）ともいう。

8　公共サービス

9　直接税
解説　間接税は、納税者と税負担者が異なる。

10　所得税◀╌╌

注意

11　法人税◀╌╌

12　住民税

13 日本国内での商品などの売り上げにかかる税は【消費税　関税】である。

14 10や相続税に適用される、納税者の所得や財産が大きくなるほど税率が高くなる課税方法を何というか。

15 13などの間接税は、低所得者ほど税負担の割合が大きくなる【　　】をもつ。

財政政策

16 政府が行う景気調整政策を何というか。

17 右の図中のAには公共事業への投資である【　　】があてはまる。

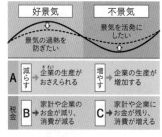

好景気	不景気
景気の過熱を防ぎたい	景気を活発にしたい

A	減らす → 企業の生産がおさえられる	増やす → 企業の生産が増加する
税金	B → 家計や企業のお金が減り、消費が減る	C → 家計や企業にお金が残り、消費が増える

18 図中のBには【増税　減税】があてはまる。

19 図中のCには【増税　減税】があてはまる。

20 国が特別な債権を発行して資金を集め、投資や融資などを行う政策を何というか。

---

13 消費税

14 累進課税 (るいしん)

15 逆進性

16 財政政策

[注意] 日本銀行が行う景気調整政策の金融政策と区別すること。

17 公共投資

[解説] 社会資本の整備などが目的である。

18 増税 ←

19 減税 ←

20 財政投融資　[注意]

[解説] かつては金額が大きく「第二の予算」と呼ばれたが、近年は金額が大幅に減少している。

✏ 記述力アップ！

Q 右の**資料**は、1990年度から2022年度までの日本の歳出額、税収額、国債発行額の推移を表したものである。**資料**からわかる、政府が国債を発行する目的を、「歳出」「税収」の語句を用いて簡潔に答えなさい。　[高知]

資料

```
兆円
160
140    歳出額
120
100
80
60     税収額
40
20
0      国債発行額
  1990  95  2000  05  10  15  20 22年度
                              (財務省)
```

A (例) **歳出が税収を上回っているときに、税収の不足を補うため。**

[解説] **資料**から、支出である歳出額が、収入である税収額を上回っており、その差額を埋めるために国債が発行されていることが読み取れる。

6 社会保障と環境保全

重要度
🏳🏳🏳

社会保障

□ 1 国が中心となって、国民の生活を保障するしくみを何というか。

□ 2 「ゆりかごから墓場まで」のことばをもとに、全国民を対象とした 1 制度が世界で初めて確立した国は【スウェーデン　イギリス】である。

□ 3 日本では、1 制度は日本国憲法第25条の【　　】権の考えをもとに整備されている。

A	C		E	公衆衛生
・健康保険	D		・高齢者福祉	・予防接種
・国民健康保険	・生活扶助		・児童福祉	・感染症対策
・国民年金	・住宅扶助		・障がい者福祉	・結核予防
・厚生年金保険	・教育扶助		・母子・父子・寡婦福祉	・上下水道整備
・雇用保険	・医療扶助			・廃棄物処理
・労災保険	・出産扶助			・公害対策
・B			など	
など	など			など

□ 4 上の表中の A は、加入者が掛け金を積み立て、将来に備える【　　】である。

□ 5 表中の B は、40歳以上の人が保険料を納め、必要とする人が支援を受ける【　　】である。

□ 6 表中の C は、収入が少なく生活が困難な人に、国が最低限度の生活を保障する【　　】である。

□ 7 表中の D は、掛け金ではなく税金から支給される【生活保護　生命保険】である。

□ 8 7 は、最低限の生活を保障する最後の【　　】ネットである。

□ 9 表中の E は、障がい者や高齢者などに対し、施設の設置やサービスなどを行う【　　】である。

□ 10 6 や 9、公衆衛生は【自助　公助　共助】である。

1 社会保障

2 イギリス
【解説】第二次世界大戦後に確立した。スウェーデンなど北ヨーロッパの国々も、社会保障制度が充実している。

3 生存
【解説】健康で文化的な最低限度の生活を営む権利。

4 社会保険
5 介護保険 【注意】
6 公的扶助

7 生活保護
【解説】生活保護法にもとづき、さまざまな支給がある。

8 セーフティー
【解説】サーカスの綱渡りでの、落下時の重大事故を防ぐネットにちなんだ「安全網」。

9 社会福祉

10 公助
【注意】自助は自らを保険などで守ること、公助は公的支援を行うこと、共助は地域の人々が互いに協力して助け合うこと。

環境保全

☐11 人の健康や環境に悪影響をおよぼす、大気汚染や水質汚濁、騒音などをまとめて何というか。

☐12 四大公害病が発生した地域などを示した右の表中のXは①【　　】、Yは②【　　】である。

四大公害病	地域	原因
X	熊本県	水質汚濁
Y	富山県	水質汚濁
四日市ぜんそく	三重県	大気汚染
新潟 X	新潟県	水質汚濁

☐13 11問題に対処するため、1971年に創設された行政機関を何というか。

☐14 あらゆる環境問題に対応するため、1993年に【環境基本法　公害対策基本法】が制定された。

☐15 限りある資源を有効に活用することで廃棄物をできる限り少なくし、環境への負担を少なくした社会を何というか。

☐16 ３Rは、リデュース、リユースと何か。

11 公害 注意

12 ① 水銀病 ←‥‥┐
② イタイイタイ病

解説 水俣病は有機水銀（メチル水銀）が原因物質。イタイイタイ病はカドミウムが原因物質。

13 環境庁
解説 2001年に環境省となった。

14 環境基本法
解説 公害対策基本法（1967年制定）にかわり制定された。

15 循環型社会

16 リサイクル

✏ **記述力アップ！**

Q 今後も**図**に示される制度が維持されると仮定した場合、**資料**から予想される日本の年金制度の課題とその理由を、**図**と**資料**から読み取り答えなさい。　[福岡]

図　わが国の年金制度のしくみ

※現役世代は15〜64歳を、高齢者は65歳以上を示す。（厚生労働省など）

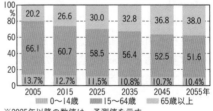

資料　わが国の年齢別人口割合の推移

	2005	2015	2025	2035	2045	2055年
65歳以上	20.2	26.6	30.0	32.8	36.8	38.0
15〜64歳	66.1	60.7	58.5	56.4	52.5	51.6
0〜14歳	13.7%	12.7%	11.5%	10.8%	10.7%	10.4%

※2025年以降の数値は、予測値を示す。
（国立社会保障・人口問題研究所）

A （例）高齢者の割合が高くなるため、現役世代の負担が大きくなるという課題。

解説 **図**から、現役世代が納める保険料などをもとに年金が支給されていることがわかる。**資料**から、65歳以上の割合は増える一方15〜64歳の割合は減るため、現役世代の負担が増すと考えられる。

月　　日

1 国際社会と国際連合のしくみ

重要度
☐☐☐

国家と国際社会

☐ 1 一定の領土と国民をもち、他国から干渉されない独立の権利（主権）をもつ国を何というか。

☐ 2 1の領域は右の図中の領土・領海とXの【　　】である。

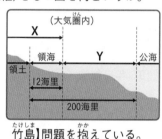

（大気圏内）
X
領海　Y　公海
領土
12海里
200海里

☐ 3 日本は領土をめぐって、韓国との間で【尖閣諸島　竹島】問題を抱えている。

☐ 4 1は、国内問題について他国から介入を受けない【民族自決　内政不干渉】の原則が認められる。

☐ 5 図中のYの、領海を除く沿岸から200海里までの範囲を何というか。

☐ 6 日本の【　　】は「君が代」である。

☐ 7 日本の【　　】は「日の丸」（日章旗）である。

☐ 8 国どうしが結ぶ条約と長年の慣行が法になった国際慣習法を合わせて何というか。

国際連合

☐ 9 国際連盟にかわり、1945年10月に発足した、世界の平和を目ざす国際組織を何というか。

☐ 10 9の本部があるアメリカ合衆国の都市はどこか。

☐ 11 9の目的・組織・活動の原則などを定めた文書を何というか。

☐ 12 9は、【集団　個別】安全保障の考え方にもとづき、世界平和を維持しようとする。

☐ 13 9は、設立当初は【51　101】か国で発足した。

☐ 14 9は加盟国の経済規模をもとにした分担金で運営されており、最大の分担国は【　　】である。

---

1 **主権国家**
解説 国家の成立要件は主権、国民、領域の3つ。

2 **領　空**

3 **竹　島**
解説 韓国が不法占拠している。尖閣諸島は、中国や台湾が領有権を主張している。

4 **内政不干渉**

5 **排他的経済水域**
解説 EEZともいう。沿岸国が漁業資源や鉱産資源を利用する権利をもつ。

6 **国　歌**

7 **国　旗**

8 **国際法**

9 **国際連合（国連）**

10 **ニューヨーク**

11 **国際連合憲章（国連憲章）**

12 **集　団**

13 **51**
解説 2024年3月現在の加盟国数は193か国。州別ではアフリカ州の54か国が最多。

14 **アメリカ（合衆国）**
解説 次いで中国、日本である（2022～24年）。

15 右の図中の **A** は、全加盟国で構成され、1国1票の投票権をもつ【 　 】である。

〈国際連合のおもなしくみ〉

16 図中の **B** は、15か国で構成される【 　 】で、世界平和と安全を守る実質的な責任をもつ。

17 16のうち、5か国が【 　 】である。

18 16のうち10か国は、任期2年で選出される【 　 】である。

19 17は、議決に際して【 　 】をもつ。

20 図中の **C** にあてはまる、国家間の裁判を行う機関を何というか。

21 教育・科学などを通して世界平和を実現しようとする機関は【UNICEF　UNESCO】である。
（ユニセフ　ユネスコ）

22 母国を追われた難民の保護や支援活動を行うのは【UNHCR　WHO】である。

23 16の決議後、紛争地の事態の悪化防止などを目的に行われる国連平和維持活動の略称は何か。

✏ 記述力アップ！

Q 表は、国際連合の安全保障理事会での、ある重要議題に関する決議案の投票結果である。この決議案は可決されたか、否決されたかを、判断した理由を含めて簡潔に答えなさい。　[長崎–改]

A （例）拒否権をもつアメリカが反対したため、否決された。

解説 重要議題では、常任理事国が1か国でも拒否権を行使すれば議案は否決される。

表

賛成国（14か国）	イギリス　エジプト　韓国　中国　ギニアビサウ　ケニア　日本　コスタリカ　スウェーデン　チリ　フランス　ロシア　ポルトガル　ポーランド
反対国（1か国）	アメリカ

2　地域協力と世界の平和

重要度
□□□

地域協力

□ 1　【　　】とは、地域的に近い国々が結びつきを強化していく動きのことをいう。

□ 2　地図中の▮▮▮の３か国は、NAFTAにかわって【MERCOSUR　USMCA】を結んだ。

□ 3　地図中の▮▮▮の10か国がつくる、経済や政治、安全保障などに関する協力組織を何というか。

□ 4　ヨーロッパの27か国が加盟している、経済や政治、外交の分野にわたる地域統合組織を何というか。

□ 5　特定の二国間などで結ばれた自由貿易協定を【FTA　EPA】という。

□ 6　APECの一部の加盟国により発足したのが、「環太平洋経済連携協定（＝【　　】）」である。

□ 7　北半球に多い先進国と、南半球に多い発展途上国との経済格差と、それから生じる政治的・社会的問題を【　　】という。

□ 8　世界の政治や経済などを話し合う主要国首脳会議（サミット）は【G７　G20】と呼ばれる。

世界の平和

□ 9　人種や宗教、国籍などを理由に迫害を受ける恐れがあるため、他国に逃れた人々を何というか。

1　地域主義
　（リージョナリズム）

2　USMCA
解説 2020年に発効した米国・メキシコ・カナダ協定。MERCOSURは南米南部共同市場。

3　東南アジア諸国連合（ASEAN）

4　ヨーロッパ連合（EU）

5　FTA
注意 EPA（経済連携協定）はFTAを拡大し、人の移動や投資など、より広い分野での経済協力を目ざす協定。

6　TPP
解説 2017年にアメリカ合衆国が離脱を表明し、2018年に日本など11か国によるTPP11協定として発効。2023年にイギリスの加盟で12か国。

7　南北問題
注意 発展途上国間での経済格差は南南問題。

8　G７
解説 G20はG７の拡大版で、主要国と新興国が参加。

9　難　民

□10 核保有国を5か国に限定し、新たに核兵器保有国が発生するのを禁止した条約は【核拡散防止条約 部分的核実験停止条約】である。

□11 2017年、国連で【核兵器禁止条約 包括的核実験禁止条約】が採択され、2021年に発効した。

□12 右のグラフは、先進国が発展途上国に対して行う、資金や技術の支援や援助(=【　】)の金額などを示したものである。

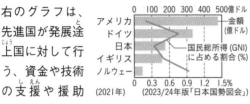

アメリカ
ドイツ
日本
イギリス
ノルウェー

0　100　200　300　400　500億ドル

金額（億ドル）
国民総所得（GNI）に占める割合（%）

0　0.3　0.6　0.9　1.2　1.5%
(2021年)　（2023/24年版「日本国勢図会」）

□13 国際協力機構（JICA）の事業の1つで、青年ボランティアを派遣する制度を【　】隊という。

□14 平和や人権問題などに取り組んでいる非政府組織を【NGO NPO】という。

10 核拡散防止条約
解説 5か国はアメリカ・イギリス・フランス・ソ連(現ロシア)・中国。

11 核兵器禁止条約
解説 1996年に国連で採択された包括的核実験禁止条約(CTBT)は発効していない。

12 政府開発援助(ODA)

13 青年海外協力

14 NGO
注意 NPOは社会活動などに取り組む民間の非営利組織。

💡 **思考力アップ！**

Q 右の**表**を正しく読み取ったものを次から1つ選びなさい。　[富山−改]

ア 「1人あたりGDP」が少ないほど、「無償支援」が多い。

イ ASEANへの「無償支援」総額は、日本の世界各国への「無償支援」の総額の4割を占める。

ウ 「1人あたりGDP」が2000ドル未満の国では、「技術協力」が2000万ドルをこえる。

エ 「貸し付け」が多いほど、「無償支援」は少ない。

A **ウ**

解説 **ア**. ベトナムはインドネシアより1人あたりGDPが少ないが、無償支援はインドネシアの方が多い。**イ**. 世界各国への総額が不明のため、4割かどうかは判断できない。**エ**. たとえば、インドネシアはタイより貸し付けが多いが、無償支援も多い。

表　日本のASEAN諸国へのODA

	無償支援	技術協力	貸し付け	1人あたりGDP※
シンガポール	—	—	—	66822
ブルネイ	0.7	0.01	—	31449
マレーシア	11.7	8.5	—	11101
タイ	15.0	18.5	179.7	7067
インドネシア	96.6	34.7	881.4	4333
ベトナム	79.2	45.7	305.6	3756
フィリピン	23.4	55.2	1087.7	3461
ラオス	14.8	16.9	8.8	2569
カンボジア	55.0	23.3	375.4	1608
ミャンマー	71.4	37.0	253.8	1089

（単位：※はドル、他は100万ドル）
（2021年）　（2022年版「ODA白書」など）

3　世界のさまざまな問題

重要度
□□□

地球環境問題

□ 1 右のグラフは、世界の
【　　】排出量の割合で
ある。

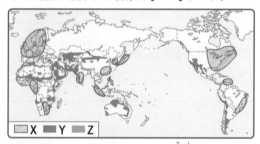

その他 32.6
中国 31.8%
世界計 316.7億t
日本 3.1
ロシア 4.9
インド 6.6
EU 7.6
アメリカ 13.4
(2020年)
(2023/24年版「世界国勢図会」)

□ 2 1のような、地球の気
温を上昇させる気体を
まとめて何というか。

□ 3 2の増加で地球全体の
平均気温が上昇する現象を【　　】という。

□ 4 地図中のXは、森林や農作物の枯死、建築物の
溶解など、【　　】の被害の多い地域である。

□ 5 地図中のYは、干ばつや過度な放牧などにより
【　　】化が進行している地域である。

□ 6 地図中のZは、過度な伐採や農地開発などによ
り【　　】が減少している地域である。

□ 7 フロンにより【　　】層が破壊されると、地表の
紫外線の量が増え、人体に悪影響をおよぼす。

□ 8 1972年、スウェーデンのストックホルムで開か
れた、環境問題に関する初の国連会議を【　　】
という。

□ 9 1992年、ブラジルのリオデジャネイロで【環境・
開発サミット　地球サミット】が開かれた。

---

1 二酸化炭素

2 温室効果ガス

3 地球温暖化
解説 極地の氷河がとけ
て海抜の低い地域が水没
したり、洪水、干ばつな
どが発生したりする。

4 酸性雨

5 砂漠
解説 サハラ砂漠南部の
サヘルやゴビ砂漠周辺で
の進行が深刻である。

6 熱帯林
解説 熱帯林は、生物の
宝庫であり、酸素の供給
源でもある。

7 オゾン

8 国連人間環境会議
解説「かけがえのない地
球」をスローガンに開かれ
た。

9 地球サミット
注意 国連環境開発会議
のこと。環境・開発サミッ
トは2002年に南アフリカ
共和国で開かれた「持続可
能な開発に関する世界首
脳会議」のこと。

10 1997年、地球温暖化防止京都会議で採択された、2などの削減目標を定めた文書を何というか。

11 2015年に採択された、すべての国が2の排出削減に取り組むことを定めた協定を何というか。

よりよい地球を目ざして

12 【世界遺産　ラムサール】条約は世界の自然や文化財を保護し、将来に残すことを目的とする。

13 水力や太陽光など、自然界で再生し、繰り返し利用できるエネルギーを何というか。

14 発展途上国の農産物や製品を適正な価格で取り引きすることを【　　】という。

15 飢餓の人々がいる一方、食べることができる食品が捨てられてしまうことを【　　】という。

16 2030年までに世界の国々が達成するべきことを示した「持続可能な開発目標」の略称は何か。

17 人間一人ひとりに注目して、その生命や人権を大切にしようとする考え方を何というか。

---

10 京都議定書
　解説 先進国にのみ削減義務があった。

11 パリ協定

12 世界遺産
　注意 ラムサール条約は水鳥などの生息する湿地を保護する条約。

13 再生可能エネルギー
　（自然エネルギー）

14 フェアトレード
　（公正貿易）

15 食品ロス

16 SDGs

17 人間の安全保障

記述力アップ！

Q 「飢餓をゼロに」を考える中で、食品ロスを減らすことも重要である。消費者が**資料Ⅰ**のような取り組みに協力すると、なぜ小売店は食品の廃棄量を減らし、食品ロスを削減することができるのか、**資料2**を参考に、簡潔に答えなさい。　[群馬－改]

資料Ⅰ

すぐにたべるなら、手前をえらぶ。
「てまえどり」
にご協力ください。

食品ロスゼロをめざして

※「てまえどり」は、購入してすぐに食べる場合に、商品棚の手前にある食品を積極的に選ぶこと。
（農林水産省）

資料2 小売店で見られる食品の陳列 (イメージ)

奥

24.03.20　24.03.20　24.03.20
24.03.19　03.19　24.03.19
24.03.18　24.03.18

手前

A （例）消費期限間近の食品を先に売れば、売れ残りが減るから。

　解説 「てまえどり」をせずに、奥から消費期限の長い商品をとると、手前にある商品は消費期限切れとなりやすい。そうすると廃棄せざるを得なくなり、食品ロスが増える。

公民　図表でチェック

問題 ▶ 図や表を見て、＿＿にあてはまる語句や数値を答えなさい。

1 大日本帝国憲法と日本国憲法

□(1) 日本国憲法は ①1947年5月3日 に施行された。

□(2) 日本国憲法の主権者は、②国民 である。天皇の地位は日本国および日本国民統合の ③象徴 となった。④基本的人権 は永久の権利として保障されている。

大日本帝国憲法		日本国憲法
1889年2月11日発布 1890年11月29日施行	成立	1946年11月3日公布 ① 施行
天皇	主権者	②
元首 神聖不可侵	天皇	日本国および日本国民統合の ③
法律の範囲内で認める	国民の権利	④ を永久の権利として保障

2 衆議院と参議院

□(1) 衆議院の議員定数は ⑤465 人、議員の任期は ⑥4 年である。

□(2) 参議院議員の被選挙権は ⑦30 歳以上である。

□(3) ⑧比例代表 制は、政党の得票数に応じて議席を配分するしくみである。

衆議院		参議院
⑤ 人	議員数	248人
⑥ 年	任期	6年
18歳以上	選挙権	18歳以上
25歳以上	被選挙権	⑦ 歳以上
小選挙区選出…289人 ⑧ 選出…176人	選挙区	選挙区選出…148人 ⑧ 選出…100人

3 法律が制定されるまで

□(1) 法律案は ⑨内閣 か、国会議員が提出する。

□(2) 予算案と重要な歳入に関する法案を審議する場合には ⑩公聴会 が必ず開かれる。

□(3) 成立した法律は ⑪天皇 が公布する。

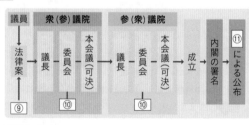

4 内閣が成立するまで

(1) 衆議院だけが ⑫ **内閣不信任の決議** を可決することができる。

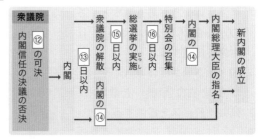

衆議院
内閣信任の決議の否決
⑫ の可決
内閣
→ ⑬ 日以内 → 衆議院の解散 内閣の ⑭ → ⑮ 日以内 総選挙の実施 → ⑯ 日以内 特別会の召集 → 内閣の ⑭ → 内閣総理大臣の指名 → 新内閣の成立

(2) 衆議院で ⑫ が可決、または信任の決議が否決された場合、内閣は ⑬**10** 日以内に衆議院を解散するか、⑭**総辞職** しなければならない。

(3) 衆議院が解散された場合、⑮**40** 日以内に総選挙を行い、総選挙の日から ⑯**30** 日以内に特別会が召集される。

5 三審制

(1) 第一審の判決に不服の場合、第二審を求めて ⑰**控訴** し、第二審の判決に不服の場合、第三審を求めて ⑱**上告** する。

(2) 全国に438か所設置されているのが、罪の軽い事件を扱う ⑲**簡易裁判所** であり、少年事件などを扱うのが ⑳**家庭裁判所** である。

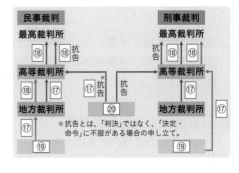

民事裁判	刑事裁判
最高裁判所	最高裁判所
⑱ ⑱抗告	抗告 ⑱ ⑱
高等裁判所	高等裁判所
⑱ ⑰ ⑰抗告 抗告	⑰
地方裁判所 ⑳	地方裁判所 ⑰
⑰	⑰
⑲	⑲

＊抗告とは、「判決」ではなく、「決定・命令」に不服がある場合の申し立て。

6 三権の抑制と均衡

(1) 立法権は ㉑**国会** にある。内閣は ㉒**行政** 権をもつ。

(2) 政治や社会などの問題について、多くの国民がもつさまざまな意見を ㉓**世論** という。

(3) 裁判所は ㉔**違憲立法審査権（違憲審査権）** をもつ。

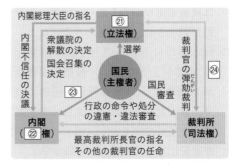

内閣総理大臣の指名
㉑
（立法権）
↑選挙
内閣不信任の決議
衆議院の解散の決定
国会召集の決定
㉓
国民（主権者）
国民審査
裁判官の弾劾裁判
㉔
行政の命令や処分の違憲・違法審査
内閣
（㉒ 権）
最高裁判所長官の指名
その他の裁判官の任命
裁判所
（司法権）

7 経済の循環

- □(1) 経済主体のうち最も基本となるのが ㉕家計 であり、㉖企業 は生産を担当する。

- □(2) 国・地方公共団体は ㉕ や ㉖ から ㉗税金（租税） を徴収し、公共サービスを提供する。

- □(3) ㉕ は ㉘労働 を提供する見返りとして賃金を受け取る。

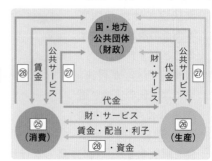

8 景気変動（景気の循環）

- □(1) 商品の売れ行きがよい ㉙好景気（好況） では、企業の ㉚倒産 は減る。

- □(2) 商品の売れ行きが悪い ㉛不景気（不況） では、労働者の ㉜失業 は増える。

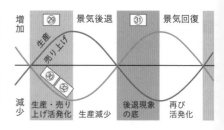

9 日本銀行の公開市場操作

- □(1) 日本銀行は好景気のときは、手もちの国債などを ㉝売る 。すると、一般銀行の資金量が ㉞減る 。一般銀行は慎重に貸そうと貸出金利を上げるため個人や企業は資金を借りにくくなり、消費・生産活動が縮小され、景気がおさえられる。

- □(2) 日本銀行は不景気のときは、国債などを ㉟買う 。すると、一般銀行の資金量が ㊱増える 。一般銀行は積極的に貸そうと貸出金利を下げるため個人や企業は資金を借りやすくなり、消費・生産活動が活発になって、景気が回復する。

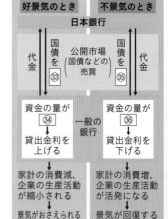

⑩ 円高・円安と輸出入

(1) 右の図の円高のとき、価格はそれぞれ ㊲ **5万** ドル、㊳ **160万** 円となるため、輸出品は売れにくく、輸入品は買いやすくなる。

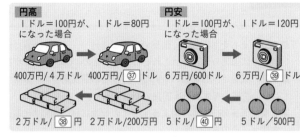

円高
1ドル＝100円が、1ドル＝80円になった場合

400万円／4万ドル → 400万円／㊲ **4万** ドル

2万ドル／㊳ **160万** 円 ← 2万ドル／200万円

円安
1ドル＝100円が、1ドル＝120円になった場合

6万円／600ドル → 6万円／㊴ **500** ドル

5ドル／㊵ **600** 円 ← 5ドル／500円

(2) 図の円安のとき、価格はそれぞれ ㊴ **500** ドル、㊵ **600** 円となるため、輸出品は売れやすく、輸入品は買いにくくなる。

⑪ 国の歳入と歳出

(1) 歳入の中心は、間接税の ㊶ **消費税** 、次が個人の所得にかかる ㊷ **所得税** 、不足額は国債を発行して得た ㊸ **公債金** である。

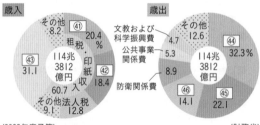

歳入
114兆3812億円
租税・印紙収入 60.7%
その他 8.2
㊶ **20.4** ％
㊷ **18.4**
その他法人税 9.1 12.8
㊸ **31.1**

(2023年度予算)

歳出
114兆3812億円
文教および科学振興費 4.7
公共事業関係費 5.3
防衛関係費 8.9
その他 12.6
㊹ **32.3%**
㊺ **22.1**
㊻ **14.1**

(財務省)

(2) 歳出は、高齢社会を反映して ㊹ **社会保障関係費** 、国債に利子をつけて返す ㊺ **国債費** 、地方自治の時代を反映して ㊻ **地方交付税交付金** などが中心になっている。

⑫ 国際連合

(1) 全加盟国で構成されるのが ㊼ **総会** 、国家間の争いを裁くのが ㊽ **国際司法裁判所** 、UNESCOなど多くの専門機関をもつのが ㊾ **経済社会理事会** である。

(2) 世界の平和と安全に関して最も重要な役割を果たす機関が ㊿ **安全保障理事会** である。

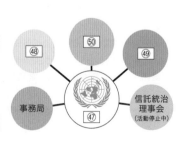

㊽ ㊿ ㊾
事務局 ㊼ 信託統治理事会（活動停止中）

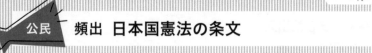

公民　**頻出 日本国憲法の条文**

前文　…そもそも国政は、国民の厳粛な信託…、その①**権威**は国民に由来し、その②**権力**は国民の代表者がこれを行使し、その③**福利**は国民がこれを享受する。…

第1条　天皇は、日本国の④**象徴**であり日本国民統合の⑤**象徴**であつて、この地位は、⑥**主権**の存する日本国民の総意に基く。

第3条　天皇の⑦**国事**に関するすべての行為には、内閣の⑧**助言と承認**を必要とし、内閣が、その責任を負ふ。

第6条　❶天皇は、⑨**国会**の指名に基いて、内閣総理大臣を⑩**任命**する。

第9条　❶日本国民は、⑪**正義**と秩序…国際平和を誠実に希求し、⑫**国権**の発動たる戦争と、武力による威嚇又は武力の行使は、国際紛争を…これを⑬**放棄**する。
❷前項の目的を達するため、陸海空軍その他の⑭**戦力**は、これを保持しない。国の⑮**交戦権**は、これを認めない。

第11条　国民は、すべての⑯**基本的人権**の享有を妨げられない。この憲法が…、侵すことのできない⑰**永久の権利**として、現在及び将来の国民に与へられる。

第12条　この憲法が…自由及び権利は、国民の不断の努力によつて…。又、国民は、これを濫用してはならない…、常に⑱**公共の福祉**のため…利用する責任を負ふ。

第13条　すべて国民は、⑲**個人**として尊重される。生命、自由及び⑳**幸福追求**に対する国民の権利については、㉑**公共の福祉**に反しない限り…尊重を必要とする。

第14条　❶すべて国民は、㉒**法の下に平等**であつて、人種、信条、㉓**性別**、社会的身分又は門地により、政治的、経済的又は社会的関係において、㉔**差別**されない。

第22条　❶何人も、㉕**公共の福祉**に反しない限り、居住、移転及び㉖**職業選択**の自由を有する。

第23条　㉗**学問**の自由は、これを保障する。

第25条　❶すべて国民は、健康で文化的な㉘**最低限度**の生活を営む権利を有する。

第27条　❶すべて国民は、㉙**勤労**の権利を有し、義務を負ふ。

第41条　国会は、国権の㉚**最高機関**であつて、国の唯一の㉛**立法機関**である。

第66条　❸内閣は、㉜**行政権**の行使について、国会に対し㉝**連帯**して責任を負ふ。

第69条　内閣は、衆議院で不信任の決議案を可決し、又は信任の決議案を否決したときは、10日以内に衆議院が㉞**解散**されない限り、㉟**総辞職**をしなければならない。

第96条　❶…憲法の改正は、各議院の総議員の㊱**3分の2以上**の賛成で、国会が、これを発議し、…。承認には、…㊲**国民投票**又は…において、…過半数の賛成を必要とする。

第98条　❶この憲法は、国の㊳**最高法規**であつて、その条規に反する㊴**法律**、命令、詔勅及び国務に関するその他の行為の全部又は一部は、その効力を有しない。